想象另一种可能

理想国
imaginist

文字的故事

唐 诺

九州出版社

图书在版编目(CIP)数据

文字的故事 / 唐诺著. -- 北京：九州出版社，2020.3（2024.1 重印）

ISBN 978-7-5108-9056-7

Ⅰ. ①文… Ⅱ. ①唐… Ⅲ. ①汉字—通俗读物
Ⅳ. ① H12-49

中国版本图书馆 CIP 数据核字 (2020) 第 047237 号

文字的故事

作　　者	唐诺 著
出版发行	九州出版社
地　　址	北京市西城区阜外大街甲35号（100037）
发行电话	（010）68992190/3/5/6
网　　址	www.jiuzhoupress.com
电子信箱	jiuzhou@jiuzhoupress.com
印　　刷	山东韵杰文化科技有限公司
开　　本	850mm×1168mm　1/32
印　　张	10.5
字　　数	175千
版　　次	2020年3月第1版
印　　次	2024年1月第4次印刷
书　　号	ISBN 978-7-5108-9056-7
定　　价	52.00元

★ 版权所有　侵权必究 ★

这本书，献给我的老师
朱西甯先生，一个信任文字却也怀疑文字，
但终究用文字工作一辈子的小说家。
我相信他一定喜欢这个题材的。

目 录

0　登高丘・望远海 / 001

1　字的黎明 / 011

2　造字的困境暨文字生产线的出现 / 025

3　象形的字 / 057

4　指事的字及其他抽象符号 / 089

5　转注・假借・不再创造的新文字 / 103

6　找寻甲骨文里的第一枚时钟 / 123

7　最本雅明的字 / 153

8　低贱的字和一页完整的性爱生产图示 / 177

9　可怕的字 / 201

10　奇怪的字 / 229

11　简化的字 / 255

12　死去的字 / 277

13　卷土重来的图形字 / 307

01
登高丘·望远海

这本小书，就让我们从这个漂亮的字开始。

这是整整三千年前的字，甲骨文，彼时商代的人把它刻在牛的肩胛骨或龟的腹甲上头留给我们（我们这么说是不是太自大了点？），奇妙的是，时隔这么久，我们居然还不难看懂它，这其实是有理由的，和中国文字黏着于具象的有趣本质有关系。

首先，它里头很清楚有个"人"字，〈，然后在其上端头部特意地加以夸张，尤其是眼睛的部分，形成一个 ☉ 的样子（也就是甲骨文中的"臣"字，意思是随时得睁大眼，非常戒慎戒恐的人），最终，这个伸直身子、睁大眼睛的人还踩上高处，也许是一方大石，也许是个小圆丘甚至更高海拔

登高丘·望远海　003

的某山头，怔怔看向远方。我们当然不会晓得数千年前引颈于广阔华北平原的这个人到底在看什么，有可能是打猎的人正贪婪看着远远的麋鹿成群；有可能是家中妻子有点焦急地等出门的丈夫回来；也极可能只是谁谁不经意走上某个高处，却忽然发现眼前的风景和平日看的不一样了，不由自主地驻足下来；更有可能就只是很平常的，像我们今天任谁都有过的，看着眼前，发发呆，让时间流过去，光这样而已。

人站高处，会忍不住驻足而望，这好像是某种人的本能，也因此，几乎每个此类的观光景点都会设置瞭望台什么的，甚至投币式的望远镜，看得更远。

这让我想起童年时一个朋友过早的浪漫想法，说他很想哪一天有机会站到一个四面八方无遮拦的大平原之上，可以看到整个地平线圈成一个漂亮的正圆形——那是一九七〇年以前的往事，当时我们还在宜兰念小学，兰阳平原是个三角形的小冲积扇，三面山，一面太平洋，我们四分之三的视野总是被雪山山脉和中央山脉的余脉给挡着，看不了太远。事隔十三年，不知道老友这个梦想究竟实现了没？

说真的，就一个已经存留了超过三千年的字而言，"望"这字的确还活得极好，生气勃勃。有些字会死去，有些字会在长时间的使用中改变了用途，变得形容难识，"望"字却一直到今天还存留着最原初那个引颈看前方的基本意思。

比方说，同样强调官能知觉的另一个甲骨字，，大耳朵的人，旁边再补上一个代表"口"的符号，意思原来大概是听觉敏锐、可以而且愿意聆听从嚣闹到幽微各种声音的人，让我们想到诸如古希腊苏格拉底这样四下探问、倾听一切，因而反倒如德尔斐神谕所说变成最智慧的人。我们晓得，在人的五官之中，视觉是最方便、最能直接使用的一种，听觉则不是如此，它得更专注才行，因此需要投注进去更多人的意识；而且还得仰赖接听之后的分辨，因此更得大量牵动内心的既有积存记忆，以进行排比、分类和判别。所以说，听觉好的人总比视觉2.0的人更给我们敏锐、睿智、天纵英明的稀有况味，以为不是人人能为之，尤其愈早期愈是如此。在狩猎的时刻，他能比一般人更早察觉兽群何在或危险临身（比方说我们都在电影里看过那种趴在地上、一只耳朵贴地听声音的厉害印第安人），他更可能在那种泛灵崇拜、天地山川鸟兽虫鱼皆有鬼神的时代，成为能聆听万物隐藏声音乃至于神灵启示的人,于是,在那个"国之大事,在祀与戎"的时代,这个大耳之人有机会逐步神圣起来,被视为某种天启式的领袖人物,这个字遂也脱离了原初的素朴现实意思,伟大起来,成为我们膜拜对象的某专用指称。

这个字就是我们今天也还用的"圣"字,从听觉转到智慧,再到最终的德行无瑕不可逼视,一路往抽象、概念的世界走去不回头。

相对地,走上高处睁眼而望,只要健康,无须天赋异禀,是绝大多数人能做而且常常会做的事,所以仍好端端留在我们日常生活行为之中。而且,就像了不起的阿根廷盲诗人博尔赫斯(显然正是一个比较接近"圣"而不是"望"的人)所说的,愈是具象,愈是现实,它愈有机会被装填入更多的情感、心思以及想象。于是,大耳朵的"圣"字升天而去,成为伟大的字、宗教的字;大眼睛的"望"字则留在平凡的生活里头和我们脆弱的人日日相处,成为诗的字。

好,既然如此,就让我们顺着这样的诗之路再往前走一点,看看可否像这个站上山头的人,多看到些什么。

同样也是诗人博尔赫斯所说的,尽管我们在字典辞典里总是看到诸如"望者,看也"这样的解释方式,但事实上,每一个字都是独一无二的,并没有任何两个字存在着完完全全的替代关系,没有任何一个字可以百分之百重叠在另一个字上头,因为每一个字都有它不同的造型长相、不同的起源,以及最重要的,在长时间中的不同遭遇。这不可能相同的历史遭遇,给予了每个字不可能相同的记忆刻痕,不可能相同的温度、色泽和意义层次。

比方说,"望"字就比单纯的"看"字要多了不少东西,包括动作、意识和观看焦点,以及因此迟滞而带来的时间暗示,这不论从字的原初造型或实际使用都分辨得出来。

甲骨文中我没找到"看"字,但我们可用"见"字来替代——"见"字有两组造型,这种情形在形态尚未稳定的甲骨文阶段很常有。一是 ,坐着睁大眼睛的人;另一是 ,站着睁大眼睛的人。或坐或站,意象皆极其单纯明白。(但"看"字的篆字造型倒挺漂亮的, ,眼睛上遮一只避开光线认真凝视的手,显然也比单纯的"见"要有内容。)

相照之下,"望"字就有趣许多了。不管是起始于有意识地走上高处瞻视,或原本并无目的地信步意外驻足,我们都很容易察觉出,它事实上是包含了一连串的动作以及最终的静止,时间便在其间迟滞下来了。而且,"望"字只有外表的动作,没有触及任何内在的情绪,因此,这个时间因为不涉及特定意义的指涉而暂时空白了下来,它遂如老子所说的"无",是未着色、未有意义存留的虚空,可以供我们装载东西于其中,因此,我们便可用以置放某些忽然多出来的心思、情感以及想象。

同时,我们也可以说,"望"字也是进行中、尚未完成的"看"。未完成是因为我们尚未看清楚,或看清楚了但尚未想清楚整理清楚,或甚至我们想看到的某个对象事实上还没出现或永远不会出现,因此,除了眼前事物清晰显像于我们视网膜之上的自然生理作用外,"望",于是还有着"期盼""凝视""等待"乃至于"失落""孤独"的意义层次。

所以说,博尔赫斯一定是对的,字和字怎能在不损伤的情况下彼此快意互换呢?怎么可能互换之后不带来不一样的感受、线索和情感暗示呢?

读老中国那种某某征东、某某扫北的武打式平话小说时，战将出马亮相，说书的人总喜欢在此节骨眼停格下来，卖弄意味十足地来个所谓的"有诗为证"，这里，我们也仿此为"望"字找一首诗作为收场。

这是李白的诗，仔细看活生生像对准着这个甲骨文而书写的——"登高丘，望远海。六鳌骨已霜，三山流安在？扶桑半摧折，白日沉光彩。银台金阙如梦中，秦皇汉武空相待。"

六鳌，是神话里六只神龟，负责扛住岱舆、员峤两座东海之上的仙山使之不漂流，人的肉眼，如何能"看"神话世界里，"看"已然朽坏漂流历史里的种种呢？于是，傻气的李白便只能这么无限期地站下去，看转换成等待，直接硬化成 的图像。

其实，另外一首也很好，出自我同样最喜欢的诗人苏轼，它其实是夹在《前赤壁赋》文中的一段仿《楚辞》极其华丽的歌谣，以柔婉的期盼代替李白那种绝望的等待，而且苏轼显然是好整以暇坐着的，坐在夜游的船头叩舷而歌、辛苦划船的另有其人——"桂棹兮兰桨,击空明兮溯流光,渺渺兮予怀,望美人兮天一方。"

说真的,尽管坐船的人这样是有点不知划船人的疾苦,但说用兰和桂这样带香气、毋宁用于祭祀降灵的柔质植物作为船桨,马上就让我们警觉起来这似乎不再是寻常的舟船泛于寻常的江上,然后,兰和桂的船桨一触江水,水上倒映着的月亮哗地整个碎开来,化为金色江流滔滔而下,你这样子溯江而上,再不容易分清楚,是赤壁的江水呢,还是一道着上了金光、还有着汩汩流淌声音的时间大河?

也许,你就是得把时间推回到屈原的、宋玉的楚民族幽邈时代,到那个神灵和人杂处不分的尚未除魅时间,李白和苏轼所等待的,才有机会像《九歌》中说的那样翩然降临是吧。

1 字的黎明

　　这是个老实讲很奇怪的字,它由两个部分组合而成,上边是个代表太阳的"日"字(甲骨文因为是用刀刻于龟甲牛骨之上,因此不容易出现漂亮的圆形),下边稍小那个也同样是个"日"字,天有二日,是三千年之前天有异象被人们忠实记录下来了呢,还是造字的人们花脑筋想表示什么?

　　在进一步谈下去之前,这里我们好像有个问题,一个大哉问的正经问题,非得先问问不可,这其实是非常令人头痛不知从何讲起的——文字究竟是怎么发生的?或者说,是怎么被发明出来的?

　　老实说,如果可以的话,这里我们真很想直截了当地回答:是个奇迹——其实这样子的答复,并不像乍看之下那么不负责任。

字的黎明　　013

新石器时代的矛盾

有关这个问题，中国人狡猾地躲闪了几千年之久，办法是把它推给一个叫仓颉的人。把发明文字的荣光连带所有疑问全数堆到一个人身上，这当然不会是真的。今天，我们一般倾向于相信，文字是在长段时间中逐步演变发展成的，不管它是起源于结绳或刻痕的记忆，还是在行之更久远的语言和图绘之间缓缓找出稳定的意义关联，都牵动着众多的人，这些人所分居的众多地点，以及因此不可免的诸多时间，绝非一时一地一人的事。

吊诡的是，传说神话只供参考，文字的起源终究还得由文字自身来回答，也就是由我们手中所能掌握的文字或未成文字的"类文字"来想办法回溯，意思是，用文字的"有"来回推文字的"无"，就像要人用今生去回推他的前世一般，如此强人所难，其中便不免得装填众多江湖术士式的、无以查证的猜想。

我们有什么呢？这让我想起另一个漂亮的甲骨字，就是今天的"昔"字，往昔，从前，逝去的时光，它的下方仍是个"日"字，可怜巴巴的日字，上头压着壮阔汪洋的大水，漫天盖地的水淹过日头的心版魔幻意象，如同小说家马尔克斯笔下的画面（或现实些，是观看角度所导致的写实图像，但无论如何相当骇人），商代的人以此来表达他们对远古的记忆存留，充满美感，充满哲学况味，也充满启示力和想象力（比方说我们极容易联结到黄河桀骜不驯的泛滥，商人的历次迁都逃水，鲧禹父子方式和下场互异的治水行动，乃至于治水和专制政体有机牵联的所谓东方主义论述云云，事实上，我还读过一本虔信基督徒的书，断言这就是《圣经·旧约》中天降洪水四十天诺亚方舟的记载，并据此坚持即便中国文字的发明，亦直接归于上帝耶和华），但非常遗憾，就终究得几分证据讲几分话的文字起源问题，却是个很糟糕的状态——记忆湮渺，只留一片鸿蒙的汪洋。

我们常说甲骨文是中国所发现最早的文字，大致的时间是距今三千年到三千五百年的晚商时期，但甲骨文却不会是最早期的文字。事实上，它相当成熟，不论就文字的造型、文字的记叙结构来看都是这样。更具说服力的是形声字在甲骨文中所占的比例意义——形声字是中文造字的最进步阶段，让大量地、快速地造字成为可能（这我们往下还有机会

字的黎明　　015

谈），于是，聪明的文字学者遂把形声字当文字的碳同位素般作为时间检视的标的——有人估出，在已可辨识的一千多个甲骨文中，形声字的比率已接近百分之三十了，这毫无疑义说明甲骨文已昂然进入造字成熟的晚期阶段了。

　　甲骨文之前我们有什么？很少很少，就只有一些陶器瓶口部位的刻痕、记号或花押而已。其中，最光彩焕发的是山东莒县陵阳河大汶口文化晚期遗址所挖出来大口缸陶器的美丽记号，形象上是重山之上有云，太阳傲然浮于云上的图像。这个单独存在的记号，我们很难讲它就是文字，因为文字如蜜蜂，它难以落单存活，毋宁更有可能是陶器主人的专属记号，或部族的族徽（私有制或原始共产制？），但还是有学者乐观地说，这个记号很可能正是"旦"字的原始字形，是山居的大汶口人所看见日升山头时云上的光灿黎明图像（若然，显然不是个太早起的部族），遂用为人名或族名。

　　这是多久前的事呢？大约四千年到四千五百年前的事，也就是说，从这个孤独的、可疑的美丽"旦"字，距离我们所谓文字发明已然成熟到接近完成的甲骨文，只一千年左右的时间；更是说，在这仅仅一千年我们文字记忆完全空白的极短时间之中，中国文字的发展事实上忽然马达启动并高速运转开来，而且还偷偷地进行，不是躲藏在这么久以来还挖掘不到任何蛛丝马迹的隐秘地点，就是使用易腐易烂不留犯罪证据的书写记录材料，直到有了相当成果才好意思展示在牛骨和龟甲上头，给我们惊喜，事情会是这样子吗？

希望事情不真的是这样。但说真的，如此诡异的发展样式，似乎一直是古生物史、古人类史乃至于考古学常出现的发展图像：一、很奇怪，在最最关键之处之时的环节，不知为什么总是失落；二、更奇怪，这最最关键处的"跳跃"，不知道为什么总是挤在一段极短极窄的时间之中。

仿佛，人类一直异于禽兽几希地默默游荡在广漠的大地之上，达几百万年之久，然后，忽然只花几千年时间就什么都会了，会使用文字记录自己已发了几百万年的声音，会使用数学抽象地计算看了几百万年的脚下大地和头上星体甚至不为什么明白而立即的需要，会用物理学的角度重新看待他们已相处相安几百万年再熟悉不过的事物而觉得兴味盎然，会使用圆形的、只一点接触的转轮来制陶（，陶，美丽的象形字），汲取井水（，录，即辘轳，另一个美丽的象

字的黎明　017

形字），用于车子，学会织布，还开始一阵胡思乱想，想一些眼前根本不急但又自认为兹事体大的东西。

这像个奇迹，就像我们前面说过的，法国了不起的人类学者列维-斯特劳斯也这么说过，称之为"新石器时代的矛盾"——如果要在这全面启动的神秘现象中找出一个最关键的因素，我个人直觉地会把文字的发生和发展当最可能的候选人。我们可以想象，文字如同明矾，它让有声的语言以及无声的思索和想象可能沉淀下来，有了文字，人类的思维和表述便挣脱开时间的专制统治，可以不再瞬间飘失在空气之中，从而开始堆积，让思维和表述有了厚度；它扩大了语言联系的延展力，包括空间的距离和时间的距离，人的灵感、发现和发明，以及更重要的，人的困惑（也就是持续思考的最重要根源），可以更不孤独，有着更稳固更持续更绵密对话的可能；还有，它让人抽象地长时间思维，从此有了中途的歇脚反思之处，有了可回溯修补的航标，从而，思维得到整补，可放心大胆地再往前走，再深入，一再越过原有的边界，而不虞迷失回不了头。

粗鲁点来说，有了文字，人类于是得到了一种全新而且全面的保存形式，可以把记忆、对话、思维置放于一己的身体之外，这个新的储存仓库比我们的身体更耐久，因此不会随我们失忆、老去以及死亡而跟着灰飞烟灭。

记忆、对话、思维挣脱了人的躯体而独立存留，这当然是有风险的，用我们顶熟悉的现代语言来讲，这其实就是异化，让人逐步丧失主体性位置的异化。

确实如此。对某些敏感容易激愤的人，尤其是崇尚素朴自然、对人类文明轰轰然线性向前始终忧心放不下的人（如老子、庄子都是这样的人，不管他们是否真是单一个人，庄子尤其针对这个讲了不少美好的寓言，包括混沌被凿开七窍却因此而死云云），总不无道理地把文字的出现和使用敌视为人的最重大异化，甚至人全面异化不回头的开始。但同一件事温柔点来看，这却也是人的再一次"陌生化"，包括对相处了数百万年已成理所当然的外在世界，包括原本"力大不能自举"的自身，整个因熟悉而已呈现停滞重复的世界因此全面地"再新鲜化"而重新剧烈转动起来，因着记忆、对话和思维位置的转移而得到新的视野、新的图像，并赋予新的解释。

我女儿便有过极类似的经验——当然不是说她如此古老参加过新石器时代这么一场，而是她小学某年生日时我买过一具最阳春型的显微镜给她当礼物，于是，很长一段时间内，你便看到她想尽办法找任何可到手的东西弄小弄薄来看，包括家里每一只猫狗的毛、院子里的花瓣树叶、蚊子苍蝇各色昆虫的各种部位、积了两三天的浑浊雨水，还有她自己的鼻屎、脚皮以及口腔内刮下的细胞等等，这整个程序非得走完一遍至再次丧失新鲜感为止。

这轰轰然的一场，在中国人的传说记忆中说的是，相传仓颉造了文字，"鬼夜哭"，究竟是惧怕人类从此得着巨大的、除魅的力量而哭呢，还是悲悯人类走上不归路而哭没讲清楚，总而言之是发生大事情了——这种不清不楚一直是非文字式记忆的特色，它总得把事实加以戏剧化、神话化才得到口耳相传、穿透时间的续航能力。

当然，也许你会说，南美的玛雅人就始终没依赖过文字的力量，人家还不是照样建构出辉煌如黄金的文化来？造成参天的金字塔，有着了不起的宗教、帝国统治能力和工匠技艺，还拥有动人的高山农业技术，以及二次大战美军才据此学会并运用于战场的精彩的食物脱水技术。

无论如何，我们手中仅有的那个来自大汶口的美丽记号，🗿，毋宁更像个诗意十足的隐喻，日出山头，文字的曙光乍现，也许它真的就是个"旦"字是吧！

灿烂的图像

好,我们终于可以回到我们的天有二日之字来了。当然,后羿射九日的故事终究只是个神话罢了,三千年前同样也照好人也照歹人的太阳和今天我们所看到的差别不大,因此,底下那个较小较模糊的太阳不是真的,而是太阳的水中倒影而已,至于什么样的时候太阳和它的分身倒影这么亲近呢?一天有两次,一是日出时分,另一是日落时分。会是哪一个呢?

答案似乎非常简单,华北平原东低西高,黄昏日落,人们看到的会是"太阳下山了",因此,甲骨文中代表黄昏的字是这样子的,太阳不偏不倚地掉入草丛堆里,这就是今天也还健在的"莫"字。只因为古时候的夜间照明昂贵而不便,日落之后能摸黑进行的事委实不多,因此,基于经济理由而非道德劝诫,这个"莫"字遂延伸出"不要""不能""不可"的意思,最终还逼得原先代表日落黄昏的"莫"又莫名加个太阳的意符以示区别,即今天我们用之不疑的"暮"字——绕了一圈,同样也是两个太阳。

黄昏另有其字，因此这两个太阳的字是日出，仍是"旦"字，后来才把下方的太阳倒影给取消掉，代以较一般性的地平线横杠，是比较方便也较具普世性格，但当然还是那个带着单一一地具象染色的字漂亮，有质感，而且留着较多想象线索——要不就是长居东海之滨的人们造出来的字，要不就是有人曾经不意在日出时分立于海边（捕鱼？捡拾货币用的海贝？或制盐？还是如传说中舜的耕于东海之滨？），曾经震慑于那一幅灿烂无匹的景象深驻心中不去，以为只有这个才足以代表死亡般的长夜终于要过去，全新一天重又来临的美好图像。

如果你问我，觉得甲骨文中哪一些或哪一类的字造来最精致漂亮，那当然就是我们到此为止看过的"望""旦""莫""昔"这个阶段的造字——大体上，这是造字概念的第二阶段，也就是文字开始要由较被动、较直接摹写天地山川鸟兽虫鱼等自然实物的纯粹象形阶段，乍乍探入到抽象事物和概念表述的这一微妙阶段，中国古来，把这一阶段的字称之为会意字，揭示一种大家能一看恍然、心领神会的字。

往下，我们会一再引用这类字，只因为，某种意义而言，甲骨文之美，依我个人认为，说尽在于会意字可能太夸张了，但十之八九在此大概是跑不掉的。

为什么会这样呢？追根究底是因为人通常很懒，好逸恶劳，舒服的日子只会打盹，浑浑噩噩地愈过愈没精神，脑子休息得比躯体还彻底，因此，美好些的东西如萨义德讲的，不容易在如此适应良好的舒适状态发生；但这个能懒就懒的人毕竟还是挺了不起的，一旦困难临身危险临身，他很快就整个人动员起来，包括他已知的身体知觉和心灵意识，甚至包括他自己都不晓得拥有、沉睡在体内幽微某处的潜意识和想象力，精神抖擞——正因为这样，后来一些较敏锐也较看得起自己的人，便小心不让自己太陷入舒适昏睡的日子里去，客观困境不存在时，他们会自苦，给自己不断制造难题，甚至制造些永远不会真正解决、因而长驻不去的难题，好让自己停留在始终清醒的状态，以至于我们"正常"的旁人看他们甚至会有一点神经兮兮的奇异感觉，就像我们看日本人祈大愿下大决心时会选个风雪凛冽的冬日，找一道还未冻结成冰柱的大瀑布，裸身让冰水当头击打一般，依李白的讲法，这叫"知我者谓我心忧，不知我者谓我何求"。

好，造字的人碰到什么很大难关才精神抖擞起来呢？碰到一个方便直接摹写的具象事物已差不多告一段落，一堆抽象的、无法直接摹写的事物和概念愈积愈多（因为在只用声音抽象表述的语言中早已存在并予以命名，毕竟，语言早百万年已出现并使用），已到不想办法解决不行的时候了。

行

我们可以想象得出来，这会是成功造字（即象形的造字）以后再一次碰到的一个巨大的困难——是一个创造的断裂鸿沟，得想法子跳跃过去；也是一个歧路，要勇敢作出抉择。中国文字便是在这个阶段（甲骨文所挣扎创造的阶段）和其他文明简单回归声音、从属声音、步上纯抽象符号的发展殊了途，凶险未卜地踽踽而行。

这一阶段，用甲骨字的造型来表述，恰恰就是"行"这个字，行，很清楚是指道路，而且是个十字路口——当然，后来"行"被转注为偏动词意味的行走之意，遂使中文丧失了表述十字路口的单字，倒是我们的东邻日本自己搞出个象形兼会意的特有怪字，辻，念成 tsuzi，也是一个姓氏（埼玉西武职业棒球队曾经有个很棒的二垒手就姓这个，让台湾的播报员总支支吾吾不知如何是好），大概是当时家居十字路口繁忙地点的平民简单据此为姓，一如井上、山中、田边一般。

下面，就让我们来看，造字的高升太阳照在这分歧的十字路口，大致是怎么一种光景。

2 造字的困境暨文字生产线的出现

这个甲骨字是"梦（夢）",人们最日常、最长相左右的神秘经验,而且,如果你认真回想一下,人似乎有一种本能要将梦中的事告诉别人,因此,总得要想出个字来表述它——我常认为,世界上有两种人最可怕,一是不会讲笑话但偏要讲的人,另一则是一定要把自己的梦一五一十告诉别人的人。

但这个我们睁开眼就连一阵烟也没,立即消逝无踪的无形无状东西究竟要如何具体画出来呢？商代的人的办法是这样子的：片是床的符号,床上躺一个睁大眼睛的人,用人在沉睡之中仍仿佛睁着眼、看到事物的样子来表达；有时,这个睁眼说瞎话的人还一手不安伸至喉部心口之处,仿佛做一个挣扎不舒适的噩梦；也有把床上之人易为长发老人（甲骨文中的老人用长发来表述，显然初民是不太作兴理发这回事的），意思好像说，老人经历的事情多，积累的麻烦多，再加上身体衰弱较承荷不住，因此夜睡多梦，这一点，和孔子感慨自己再梦不见周公证明老去不大一样。

就一个无形无状、无远弗届、不受物理时空限制、不受人理性管辖的抽象飘忽之物而言，甲骨文的"梦"字绝对是漂漂亮亮地完成任务——就像我们讲过的，历经困难的成果总是比较结实比较美好，造字如此，人生种种如此，好像就连恋爱也如此。

但同样的，漂亮的成果也总令我们神经质起来，这次侥幸得手，但下回还一样做得到么？每一次都要煞费苦心，这样的事究竟我们能做几次不力竭呢？有没有一个一劳永逸的办法呢？

象形字的终点

造字从象形开始，这没问题，树木就画成 ⍦，水流就画成 ⧘，不能熄灭的火就画成 ⍋，鸟兽虫鱼比较麻烦，但照画。这够让人忙一阵子了，一般而言，新生事物的进展总是这样，解开一个关键点，跟着享受一个顺流而下的舒适过程，直到下一个关键点再到来为止，呈现这样脉冲形态的进展节奏。

一定比想象还快的，看似眼花缭乱的眼前世界，原来这么经不起这样深耕密植的摹写（同样的事你可去问个小说作家，他一定有着类似的感慨，几十年的人生经历好像撑不了几篇小说题材），两三下就画得差不多了；而且人们也一定很快发现，原来我们肉眼可见的世界，较之于我们的思维，显得如此单薄而且疏阔，我们好多重要无比、非想非说非写不可的东西，原来都不成像在肉眼可见的世界之中。

一个抽象但撞起来让人鼻青脸肿的高墙就这样拦在造字的人们面前。

尤有甚者，造字的人还会很快发觉，除了众多难以捕捉的抽象概念之外，在原先具象摹写的世界里也一定有新的麻烦跑出来，那就是具象事物的再分割和细腻辨别的问题。

我们知道，所有的木本植物都大致长 ✱（木）的模样（当然，喜马拉雅雪杉为了不让积雪压断树枝，其实很聪明地长㐃的模样），正如所有的草本植物也都大致长 㐂（禾）的模样，但放眼过去，老天，植物其实有多少种类啊？（在生物学的老分类概念里，植物是在最高阶的"界"这一个层级，往下可一路再细分门、纲、目、科、属、种六阶，不计其数的意思。）不管是基于功能性的不同使用目的，或非功能性的纯观看、纯感受、纯思维目的，如此再分割再认识的要求必然推动文字的进一步细腻表述。但困难在于，除非你退回图画式的精细绘制，就像我们在早期人类学报告里看的那种精致手绘新种植物图鉴，光用符号式的线条根本难以表现如此细微的差异。更何况，植物还算好，碰到水流或石头的分类要怎么办？它们彼此间的差异更隐晦更不在外表形态上头，是你就算愿意费心费力去画都不可能做到的事。

　　还有，是单一物件自身的再分割和标示问题。我们晓得，在初民从采集、狩猎缓缓过渡到初期畜牧、农耕的自然经济生活形态之中，人们得辛苦对付的，是生活物资取得不易的问题，而不是垃圾的堆积及其处理的问题，因为东西很少是无用的（垃圾的最简明释意就是无用之物，有时也包括人），凡是可食的，现代人看起来再可怕都得是食物，而今天很多人没其他菜肴配食根本无法空口下咽的稻粱（大米和良质小米），在中国古代很长一段时日一直代表着"精致美食"，人有时委屈自己天性求官出仕，所求的也不过就是餐餐有稻粱可吃而已（"为稻粱谋"）；实在有毒不能吃的部位，通常会转为药材使用；无法入药，至少还能当燃料，当建材，当装饰品（骨头、石、蚌壳云云），甚至作货币使用。金文中的"婴（嬰）"字，是个花工夫的象形字，仿佛可看图感受到造字写字者的温柔爱意，表现疼爱的方式，便是在小小人头发上一口气装饰着珍稀（可作货币）的四枚蚌壳。

在列维－斯特劳斯的《忧郁的热带》中有一段如此让人读起来心酸的实录，那是他深入巴西内陆对南比克瓦拉人食物的描述："家庭食物来源主要是依赖妇女的采集活动。我常和他们一起吃些令人难过的简陋食物，一年里有半年时间，南比克瓦拉人就得靠此维生。每次男人垂头丧气地回到营地，失望而又疲惫地把没能派上用场的弓箭丢在身旁时，女人便令人感动地从篮子里取出零零星星的东西：几颗橙色的布里提果子、两只肥胖的毒蜘蛛、几粒小蜥蜴蛋、一只蝙蝠、几颗棕榈果子和一把蝗虫，然后他们全家便高高兴兴地吃一顿无法填饱一个白人肚子的晚餐……"

既然每一个部位都是有用的、珍贵的，你便得为它们命名标示。

事实上，有关初民对同类物件的再分类再分割，以及单一物件各部位的认识、利用和标示，我们还可以从列维－斯特劳斯另一部名著《野性的思维》中抄一些令人咋舌的资料：

菲律宾群岛的哈努诺人认为土生植物品种里头的总数中有百分之九十三都是有用的。

美国南加州沙漠地带的柯威拉印第安人，在这片看似荒凉不毛的土地上，熟知六十多种可食植物和三十八种具有麻醉、兴奋或医疗效用的其他植物。

帕皮族印第安人知道三百五十种植物，纳瓦霍族知道五百多种植物，南菲律宾群岛的萨巴农人植物名词超过一千个，哈努诺人的植物名称将近两千个。

在特瓦语中，鸟类和哺乳动物的每个部位几乎全身，都有明确的名称。他们在对树木或作物的叶子作形态学的描述时，运用了四十个名称，对一株玉米的不同部位竟用十五个不同的名称来表示。

布里亚特人对熊肉有七种不同的医疗用途，熊血的用途有五种，熊脂肪的用途有七种，熊脑的用途有十二种，熊胆的用途有十七种，熊皮的用途有两种。卡拉尔人还在冬季快结束时收集冻结的熊便，用来治疗便秘。

从抽象事物的堆积，到具象事物的再分类再分割，如此大军压阵而且里外夹击，看来象形字这下是在劫难逃了。

回归声音与实像的坚持

语言怎么解决这样的困境呢？让我们回想一下——事实上，用声音而不是线条造型来命名的语言根本就没意识到如此的断裂困境，管你具象抽象，管你要怎么进行细部分割，它一视同仁赋予一个独特的、不和他者混淆的声音就行了，非常简单方便。文字的发展，能否从这里找到困境突围的启示呢？

应该可以，既然我们已经晓得了，这个困境系起自于抽象概念的无实像可摹写，以及实像细微差异的难以摹写，最直接的方式便是放弃和实像的继续纠缠，干脆把自己彻彻底底放空掉，仿声音一样让自身变成纯粹的符号，不是也就和语言一般，当场就把困境给变不见了吗？——这个聪明的方法,便是拼音文字的出现,它是文字的谦卑(或说自我矮化,甚至投降,随便你)脱困之道,它回头依附强大、灵动而且行之久远的语言系统,退居成纯粹的语言记录工具,顺应语言的发展逻辑行动,语言一完成命名,文字便如影随形模仿这个声音跟上去。唯一得花点心思的,便是找出一组简明的记录声音方法就行了,这也就是今天我们称之为字母的声音记录符号系统,它多少随着不同地区人们的发音差异和不同时间的语言变化而有所参差,得作些微调。比方说今天的英文便只二十六个拼音符号,造型、发音乃至于数量和俄文、希腊文皆有些许差异,日本人笨拙些,用到了五十个音,但其原理和发展逻辑是一样的。

大约所有的文字系统都在这阶段转了向(我不晓得有没有例外),古埃及尤其是率先走上这道路途的先驱者之一。今天,我们在纸莎草上面看到比方说一只美丽的鸟 🐦 ,可能只代表了一个类似 a 的发音,和任何翱翔于尼罗河上的禽类一点点关系也没有,那种以为可以看图说话、想卖弄点小聪明的人会死得很难看——后来古埃及拼音文字的破译,便因此误导而耽搁了几百年。

这里,中国文字有种些(或笨些顽固些),不屈服地留在实像世界中继续拼搏,其结果便是甲骨文中特别"肥大"

的会意字和指事字，一个人类造字的特殊短暂时期，也是人类造字最美丽的时期，几乎每一个字都像一幅画，一个来自极细腻观察和极惊人想象力的创造成果，值得一个个用画框框起来存留观赏。

但如此一个一个拼了老命造出来的字，却也说明了中国人还没找到一个更方便、更一劳永逸的大量造字方法，毕竟，不这样不算真正解决了困境。

造字的最终解答

中国人对造字的最终解答，就是形声字的发明和使用，到此为止。

自古以来，中国人习惯把造字之法归纳为六种方式，统称之为"六书"，也就是我们熟悉的象形、指事、会意、形声、假借和转注。这老分类其实是个还算周全准确不坏的整理方式，当然仍有武断（哪种分类在概念边界上不武断呢？）和疏阔之处，像今天不少学者便倾向于主张，应该把后两者假借和转注给排除出造字范畴之外，以为假借和转注其实并没造出新的字来，只是将原来既成的字作更大效能的应用，因此，假借和转注毋宁只是"用字法"，而非"造字法"，这是很有道理的计较和概念厘清。

把转注和假借给排除出去，便剩下象形、会意、指事和形声四个，这里如果我们尝试为中国的大造字活动画上一道时间的纵轴，如此，会意和指事很自然会被归并为一组，而得到这样子的造字图像来：一、摹写既存实像的象形阶段；二、尝试表述抽象概念的指事会意阶段；三、大量造字的文字生产线出现，也是大造字完成的形声阶段。

要小心眼多说明两句的是，这种时间性的概念分期，事实上，每个阶段总是交叠的、犬牙参差的，并非切割性地彻底完成一个再进入下一个，但这样的阶段发展大致是可信的，更重要的是，阶段的分割比原先六书的水平排列，能凸显出大造字过程之中的思维变化和两次创造瓶颈，也同时可清楚看出因应如此困境的两次漂亮跳跃。

形声字到底是什么？像"江""河""松""柏"这些都是形声字，它包含两个部分，一个代表它的意义和属性，我们称之为意义符号（意符），另一个代表它的声音，我们称之为声音符号（声符），因此，每当有一个新事物新概念需要新的文字来记录来表述时，造字的人只要快速判断出该事物该概念的基本属性分类，和石头有关的加个 🗿（石），和道路行走有关的加个 𴈻，和感受情绪有关的加个 ♡（心），然后，再依据它的发音，在既有的文字中找到一个相同声音或近似声音的填进去，由此，便很快出现一个你要的新字，一个形声字。

形声字的最根本概念是"组合"，而不是重新创造，形声字不再追求新的造型绘制，而把既有的字当制作材料（内地称之为"构件"，构成要件）来堆叠，玩积木一样，因此，有了形声字，那些一个个捶打、订制似的会意字和指事字便告一段落了，就像工厂生产线取代了手工业一般，造字的人也就从专业技艺工匠乃至于充满想象力的艺术家，一变而成生产线旁依操作手册装配的高效率女工。

据统计，甲骨文中形声字的比率为 27.24%，而发展到秦代的小篆阶段，形声字的比率当场暴增到 87.39%。

当然，事情一般不会赶尽杀绝到完全不出例外的。比方说，大唐的一代女性武则天便是个新会意字的创造人，像她自取的名字"曌"（音照），便是日月并明双双高悬天空的无尽光明异象，当时她规定只有她一人能用，而果然历史上只有她一人用过。还有大地的"地"字，她老姊不懂造字原理以及文字长期演变的复杂性，嫌原字毫无道理，自己重问大地是什么？不就是山是水是土吗？因此又把"地"字改成三明治式的"坔"。这样轰轰烈烈的一人造字法没进行几个就掰不下去了，自然，这些因一人意志而生的字，亦随着一人武则天死去、张柬之重新迎回唐中宗而跟没发生过一样。

武则天是个好皇帝，但当她误以为政治权力可位移到文化创造的场域同样有效运作时，便不免丑态毕露死状甚惨了，这样的出糗，在中国历代的掌权者中，她不是第一个，也绝不会是最后一个，即使二十一世纪的台湾地区，我们还在亲眼目睹诸如此类的事每天发生。

有关武则天这个日月并明的"曌"字，这里我们歇下脚再多讲个故事，这是我从学者邹晓丽的书里看来的——相传骆宾王执笔写《为徐敬业讨武曌檄》，把这个"曌"字写成了极近似、一不小心就会忽略的新字"瞾"，一般以笔误即可带过，但以骆宾王的才学，为什么会在如此天大事情上写错一个最重要的字呢？邹晓丽以为骆宾王是故意的。

怎么故意法呢？这就牵涉到"目目"这个字。《说文》中训为"左右视也"。我因此特地去查了金文,在目目父丁簋找出来这个我一看果然是最狞猛、最具威吓之力的字,⿰目目,就两只大眼睛,直直瞪视着你,胆小些的人会做噩梦的——据研究,这是个象形字,原是摹写肉食性、掠食性猛禽的那对利眼,用以表述某种鹰隼类的飞禽,后来因此再补上鸟的意符"隹"而成为形声字"瞿",也就是瞿秋白的姓氏这个字,而这个字的下一步演化就是加上"忄"(心)的意符,而成为恐惧的"惧"(懼)。

也就是说,你要吹牛造字说自己日月照临得天独厚,我就顺势把你贬为一只凶狠嗜血的扁毛畜生。这是懂文字的人对不懂文字的人一种拐弯抹角的修理法。

日月会同时出现,但不会并明,有太阳时,月球只是一抹苍白的鬼影子而已,这我们今天抬头可见。造字的初民所看到的也一定是相同的景象,因此,初民要表达"明亮"这个感受时,他们用的不是只在梦中(或权力欲中)才出现的异象,而是——"明"字的甲骨文是 ⿰囧月,没任何太阳的影子于其中,月亮旁边那个圆形的东西是镂着窗花的窗子(可能是破损的大陶罐口转用嵌入的），他们极聪明极温柔地用暗夜里的和美光华来表达明亮，极可能来自人一梦醒来后看到月光从窗户流泻到床头地上冰凉似水的颜色。这是不寐清醒的人所惊异的最温柔风景，后代的李白说，这会勾起乡愁的。

把肉汁封存起来

形声字不仅不再创造出文字的新造型，也把作为组合构件的原有造型进一步概念化、符号化。比方说同样是水，像会意的"涉"字，☵，上下是两个脚印的符号，中间则是这双脚的拥有者要小心踩过的浅浅河水，这水是真的，有具象质感的，真的会弄湿双脚的；又如象形的"洲"字，〰，原意是直接摹写悬浮于河水中央的小岛，这里我们同样如亲临现场，目睹河水汹涌流过孤立小洲的模样。但到得形声字，不管说是江河海溪涧，这里，同样的水符号便仅仅是个概念而已，是一种松弛的分类，告诉我们这字所指称的事物或概念和水有某种关联，如此而已。

要快要方便，就非得牺牲点美不可，这从来都是不好两全的尴尬事。

喜欢有规则可依循，渴望万事万物秩序井然的人，其实也可以尝试用类似的角度来看待形声字的发明：这是中国造字史上首次，亦是终于找到一个堪称完整、清晰、稳定的秩序出来。

这个秩序大体上是，它抹去一部分具象的乐趣，空洞化为声符，以此声音符号回头和一路命名无碍的语言重新取得亦步亦趋的稳定勾联，让动力十足、什么也阻挡不了的语言确实扮演此一文字生产线的发动机角色，中国的此一造字列车遂从此轰轰然开动起来；另一方面，它用分类学的秩序概念来面对万事万物（这方面是拼音文字完全让渡掉的），保留住一部分事物的外在形态、轨迹和内在本质印象，好好封存在另一侧的概念符号亦即意符之中（仿日本著名料理节目的经典名句语法及其概念："把松阪牛排表面快速煎至焦黄，让肉汁封在里面。"），让万事万物各从其类——因此，当一个字不太熟识地忽然跳到我们眼前时，我们可从声符去尝试它的声音（"有边读边，没边读中间，没有中间自己编"的民粹式声符理解方式），从意符去感受它的属性，更敏感更多心的人并且由此可寻回这个字的可能经历和记忆，甚至回到最原初的始生之处之时。

这个留存形象的分类秩序产物，用文字世界的通俗称谓来说便是"部首"，你从小查字典通常得先通过的玩意儿，然后才是扳手指头算清楚另一侧声符的正确笔画，好找到众里寻他的那个字。

这里要附带提醒一下的是，由于甲骨文造型的左右上下并不固定（更夸张还曾有过两个字三个字并一起的，比方说，卪，小臣；唯，四祖丁；文，五十；示，十二月），加上日后随机选择的不全然制式性演化结果，我们今年"意符即部首，通常置于左边"的大而化之认定，就不是百分之百正确。比方说"锦（錦）"字，固然有些夸富宴式织锦，号称杂入贵金属细丝如黄金一类的，但一般而言，布帛才是它的真正属性归类，而"金"是它的声音模拟；还有"视（視）"字，它是感官之字而非祭祀之字，因此有大眼睛的"见（見）"才是属性部分，而发"示"的读音。

不革命的文字系统

从造字的整体变革概念来说，中国的形声造字不是一场革命，不是引进一个全新的、全然替代性的造字系统，如拼音文字般把原先既有的字全消灭掉，所有的文字都得依据声音再重造一次。形声字在既有的文字体制内改革，基本上保留了已有的象形、会意和指事之字，大家和平共存，一起继续奋斗。

少了拼音革命的中国文字系统，遂成为人类最奇怪最独特的文字系统，可以骄傲，也可以唏嘘哀叹。

当然，历史机运境遇和诸多意识形态所引发所牵动的好坏问题，骄傲或哀叹问题，自有其有情可原以及无聊不值一提的其他理由（如国族至上意识），不去理它，这里我们比较关心的是，实际上它会带来什么影响？在实际操作上头会有哪部分方便和困难？对我们的思维、沟通和记忆会产生什么样的启示和限制（我们知道，文字绝不是全然透明的工具，它也会回头影响到我们的思维云云）？

首先，不是文字系统的内在性格使然，而是历史机运的偶然结果，中国文字的独特本身就会是个很明白的麻烦。独特，就是不同，就是断裂，这在多年之后，尤其是和其他文字系统的接轨愈加成为必要之时，便显露出更多的扞格误解以及比较昂贵费事的转换转译过程，这在西风东渐的近一两百年间我们尤其感同身受。

特别是这一两百年间，拼音文字系统是站强势文化那一边，很多相应的配备原本就是根据它的文字特性量身定制（如打字机、编码索引系统、电脑键盘等等），很多领先的观念和新发明的事物原本就是这个拼音文字系统的社会所拥有的，不幸站失败者阵营的中国文字，于是被迫得转身、调适并重新学习，套着失败者的囚衣。

还好这个过程并没想象中的长，也没想象中的困难，很多认真的人在其间做出了正确的贡献，问题基本上已经解决——能顺利转换的已转换完成（如电脑键盘），不能转换的纳入拼音文字以为辅助（如电脑程式语言）也不是什么了不起的缺憾，我们使用阿拉伯数字不也好长一段时日了，不也方便愉快而且心情自然得很吗？

比较难以消灭的反而是我们对中国文字的怀疑问题，多少认定中国文字是比较不进步的。

以古埃及文字为例

完完全全从实像解放出来的拼音文字，质量轻，符号透明，运动阻力也相对变小，是完美的语言记录工具；但完美工具化的同时，文字也非得将自主性完全让渡出来不可，彻底钉住语言，语言一起变化，文字就跟着第一时间变化，亦步亦趋。

快速反应的文字，因此也是容易死去的文字。

我们知道，在爱迪生成功存留并重现"玛莉有一只小羊"这句话而发明了留声机之前，人类是长期在没有记录声音设备的情况下使用文字的。由于声音是短暂的物理现象，非常容易起变化，甚至流失，因此，语言有着本质性的极不稳定特质，容易来，也容易去，纵轴的时间会带来变异，横轴的空间也会形成区隔。比方说写《语言的死亡》一书的作者大卫·克里斯托便估计过（一九九七年），全世界约有六千种不同语言，而且以每个月两种的飞快速度持续死去。

语言起了变化，依据原来声音拼成的文字便会出现辨识的麻烦，麻烦的程度不一定，从照眼即可认出的微差到非专业研究者无以辨识不等，这端看语言的变异幅度大小和历史的机运而定（比方说是否存留变化的必要环节可供回溯云云）；而语言一旦灭绝了，则文字当然跟着集体覆亡，成为神秘的记号、无人可解的密码。

这样的文字集体覆亡故事，人类历史一再上演过，其中最著称也最戏剧性峰回路转的是古埃及文字。

古埃及文字大致可追溯到五千年前，好生生存活了约三千五百年之久，在"5000-3500"的一千五百年前左右灭绝。直接促成了它死亡的凶手是基督教，原因是基督教要消灭所有异教徒的东西，因此借着罗马帝国的强大力量，硬把古埃及文字给废了，而代以由二十四个希腊字母外加六个埃及俗体字母（为补足希腊字母所无法拼出的埃及语言特殊发音部分）所构成的所谓科普特文，往后数百年，埃及语言遂在和古埃及文字脱钩的状况下持续累积自然的变异，逐渐演变成改称之科普特语的新语言。到十一世纪后回教力量兴起，进入埃及，又再次重演了当年基督教那一套，将科普特语和文字一并给去除，于是，古埃及文字的不绝如缕联系遂正式宣告断绝，进入漫长的沉睡期。

沉睡多久呢？一直沉睡到十九世纪，在这长达八百年的岁月之中，代代有好奇之人对这种神秘美丽的文字发生兴趣，努力一窥究竟，甚至不止一回留下自以为是的解码译本，但个个铩羽，终究无法真的唤醒并释放出禁锢于神秘符号中的信息。一七九九年，事情才忽然有了极戏剧性的转机，拿破仑派遣到埃及的随军学者，偶尔在罗塞塔一地找到一块有碑文的石板，系西元前二世纪托勒密王朝时代的告谕文字，为了让彼时统治阶级的希腊人、埃及本地行政官僚和一般识字民众全看得懂，碑文分别以希腊文、古埃及象形文和俗体字写成。这块仿佛从天上掉下来的神石，等于是凭空搭建出一道由希腊文连通起来的解码桥梁，果然真的成为古埃及文字的破码关键之物——今天，我们习惯就称之为"罗塞塔石"，高一百一十八公分，宽七十七公分，厚三十公分，重零点七五吨，为黑色玄武岩质材，如今安放在大英博物馆内。我女儿也有一块，手掌大小，树脂质材，由大英博物馆授权复制，她去过大英博物馆识得这块著名的黑石板，也清楚这段历史，两年前偶尔在神户异人馆区的小卖店架上被她一眼认出来，遂不得不买给她，浪费了我大约六百块台币。

即便罗塞塔石自天而降，等于提供了一份现成译本，但古埃及拼音文字之谜还是多拖了一段时间，到一八二四年才由法国人商博良正式破译——原因很简单，罗塞塔石并未附带录音机录音卡带如今天语言教学的有声书，声音一天不找回来，所有因声音而成立的拼音文字便无法复活，罗塞塔石的译文也就无法利用来重建古埃及的字母，好供我们拿来解读保存在古埃及神庙、坟墓和众多纸莎草纸上的文字。

关键的声音在哪里找到？在神圣化所冻结的宗教祈祷文中——非常幸运。幸运之一是托勒密王朝用的是演变后的科普特语，可供我们回溯原初的古埃及语；幸运之二是科普特语尽管已在十一世纪死去，死了整整八百年，但基督教科普特教派却顽固地将它存留下来，用不可改动分毫的祈祷文完整留下来，熟悉科普特祈祷文的商博良便在这个意想不到的角落里，找到他最需要的神圣牌老式录音机。

回想起来，这真是一个艰辛、漫长、磨人心智、耗资千万但幸运惊险的故事，可写成煽情小说或拍成好莱坞式电影。差不多同样艰辛、漫长、磨人心智、耗资千万也幸运惊险的故事，还有古爱琴海线形文字 B 的破译复活，但缺了最终幸运惊险的是线形文字 A 和古印度文字，至今还死在那里。

相较起来，甲骨文的发现和理解过程（并不存在破译问题）就平淡乏味多了，它迟至一八九九年才发现，一发现就差不多看懂了，追溯得回当时的发音当然更美满，但念不出来好像也关系不大，你光看图样，还是多少看得出字里面的人在制陶还是钓鱼。

文字和语言的分离

某种拼音文字的集体死去再集体复活的故事，毕竟只是太戏剧性、太偶发的历史大事，反而不能真正代表这两组不同造字概念文字系统最深远、最有意义的影响。所谓深远、有意义的影响通常偷偷作用在平常日子里，一点一滴起着有机变化。

形声字以声符（一半的自己）和声音挂钩，但这只是有限度的挂钩，它既保留另一半的实体概念意符，又不驱除更具象方式呈现的之前已成造字，这些具象"物质"的保有，赋予它重量，让它另一头钩住事物实体，产生较大的阻力摩擦力抓地力，无法如抽空完成的拼音文字那般轻灵，因此，声音无法全面性拉动它控制它，也因此声音的移动改变，它也就无法快速反应，在第一时间改变自身拼写造型方式，随便你要说它沉稳，或说笨重。

这个特质，使文字和语言不呈现亦步亦趋的单轨式函数关系，文字受声音牵扯，影响重大，但仍保有相当程度的自主性发展路径，这必然会进一步形成文字书写和生活语言的某种程度分离现象，是某种准双轨式的关系。就像"五四"白话文运动之前，我们所熟知中国文字和日常语言的分离现象，当时提倡白话文运动的胡适之等人以为这是中国人的食古不化，今天我们晓得关键在于中国文字的如此本质。

中国文字和语言分离的总体横剖面便是——在中国文字的统治疆域之中，随时并存着千种万种不同的语言，彼此之间的差异可以大得不得了，别说是无法顺利沟通了，完全听不懂的情况比比皆是，但它们却一直共用同一种文字，于是这些天南地北说不同语言的人念一样的书，承接一样的历史经验与成果，可以通过文字全面对话，尽管他们之间语言的断裂程度可能远大于比方说今天两个西欧国家，他们之间可能有高山大河的天然地形阻绝而不相往来，长达几百几千年各活各的，按理说应该各自岔开方向发展愈离愈远才是。

回头来看，中国的漫长历史之路真是蛮奇特的，要说自然地形分割自成单位它有（如四川，如长江天堑自古有之），要讲语言差异各说各话它有，要论生活习俗因地而异它也有，甚至于在历史过程中既成事实的分裂一样代代不绝，但最终它总像某种所谓的记忆合金一样，还是非得再收拢回单一国家不可，和欧洲的历史经验完全不一样——这当然是历史思维的一个大题目，不可能简单地解释，但我个人相信，这个万世一系的单一文字系统应该是其中非常非常重要的原因。

在此种文字之下,《圣经》中巴别塔的故事看来就不可能成立了——话说上帝为阻止人们联合起来建造高塔直通天庭,会威胁到神的地位,遂使坏变乱人类的语言,人类果然从此分裂。这个神话是向着拼音文字的历史来的,对西方之前之后的历史可能有极其惊人的洞视能力和预言能力,但拿到中国来却完全不适用,对付中国人得多一番手脚,还要把不随语言而转的文字一起给毁了才行。

以颜色为例

有关中国文字和拼音文字的差异,我们点到这里就可以停了,历史经验告诉我们,再比下去很容易出事的——这一类我们出生前就有、不是我们所能决定,又比我们活得久、非我们的意志所能改变的东西,像语言文字,像身材肤色,像出生地点和种族谱系,小心一点是不会有错的。

谁好谁坏,那又能怎样呢?毕竟,我们是被抛掷到这个文字系统里来的,当然,你可以花一番心思和财富,把自己重新抛掷到另一个文字系统去,很多移民的人这么做过,不然比较聪明而不至于有碍健康的方式毋宁是,学会跟这个文字相处,享受它独特且最美好的面向,可能的话作极大化的利用。

这里，我们来看有关颜色的字。

对读小说的人而言，一谈到有关颜色的字，很难不想到朱天文的著名长篇小说《荒人手记》，尤其是第八十九页到第九十二页有关红绿两种颜色缤纷命名的演出。原文太长，不便引述，但这里还是忍不住抄一小截——艾背绿、嘉陵水绿、嫩荷绿、纺织娘绿、水绿、绣球绿、螳螂绿、豌豆绿、玉髓绿、青菜绿、巴黎绿、青梅绿、萤石绿、秧绿、莴苣绿……

写小说，使用文字的人很清楚，当你面对颜色，大剌剌的红橙黄绿蓝靛紫是不能用的，也不够用的。这在今天与其说是颜色，不如讲是颜色的概念分类，是物理学光的波长和频率的显像记录，因此，是一种"没染色、没光泽、没层次"的颜色字。用什么来染色、来髹上光泽赋予层次呢？朱天文说用嘉陵江水、用螳螂、用玉髓、用稻秧，用这些天地山川和大自然有生之物的颜色，这是人眼人心和颜色相遇的开始——实物，是颜色之初。

然而，即便就是红橙黄绿蓝靛紫，如果我们不让它们只是 red、yellow 云云的拼音文字逐字翻译，纯粹回到中国文字自身，我们会看到它们本来就是实物，或至少记忆着实物，只是被我们习焉不察抹去了而已,其实并不需要我们再加嘉陵江水或稻秧来增添其色泽。

在甲骨文时代,颜色可能还没真正从人认知它所在的实物分离出来,比方说天色、山色、水色、草色云云就够了,像今天较纯粹的颜色之字,黄,⿱,原来是玉片串组的装饰之物,究竟是声音假借而来,或是玉片泛黄的天然色泽联想转注过来,不得而知;白,⿱,说真的我个人始终没看懂是什么,只能勉强猜测和嘴巴有关,嘴巴有何白色之物?一是有可能和黄色搞混的牙齿(在没牙膏的时代),另一比较好玩,是《说文解字》所说口鼻喷出的水质热气,这在天气较冷的地点和季节,白色的雾气的确是非常生动可喜的捕捉;赤,⿱,大火烤人的画面,颜色的转注清晰不过;朱,⿱,原本只是树干(株),可能先借用给矿物染料的丹朱之类东西再转注成颜色,而成为中国的染色之始;最有趣的是"黑",⿱,这字是金文,但看样子应该有甲骨字才是,可能只是没能保留下来,画像是个黥面的人,脸上线条纵横,而且墨汁淋漓,因此,"黑"字最早的内容,可能该说成诸如

"黰面的深浓颜色"。

颜色要开始分离独立出来，关键可能在于人要主动制造颜色而不再只被动接受自然颜色，这鲁莽一点说就是与染色有关的工艺发展。这里，我们再回头来举红橙黄绿蓝靛紫为例，其中"黄"和"橙"就是实物，"蓝"可能是和草木染料如茜草有关的造字（见后代司马相如的《青赋》中那段蓝色染料经济作物的惊人描绘），"靛"是"青"的形声字及其再分割，而所剩七分之三颜色的"红""绿""紫"三者，则全是"纟"字边的形声字，颜色的实物秘密就好好封存在字的意符里。

这里，我们便见识到了形声字不完全弃守实像的可喜力量了，它保留着一道可靠的回溯之路，坚定通向一个丰美且非虚拟的颜色宝藏——你顺此线索找到《说文解字》的"纟"字边文字聚落，就像走到京都的丝织之乡西阵一般，在沙沙如流水如落雨的好听声音中，不止红绿紫，更多我们已遗忘的颜色，都在美丽的织锦布帛上闪闪发光。

"绢（絹）"，麦稍颜色；"绿（綠）"，帛的青黄颜色（显然他们从实务中知道，混同青黄两色纺丝会呈现绿色，下同）；"纓"，帛的白青颜色；"絑"，纯粹的赤色；"绛（絳）"，大红色；"纁"，浅绛色；"缙（縉）"，帛的赤色；"缇（緹）"，帛的丹黄颜色;"縓（quán）",帛的赤黄颜色;"紫",帛的青赤颜色;"红（紅）",帛的赤白颜色;"總（cōng）",帛的青色;"绀（紺）",帛的深青杂赤颜色;"綥（qí）",帛的苍艾色;"缁（緇）",帛的黑色;"才（纔）",帛的雀头颜色绥刻;"繰（tǎn）",帛的雅（苍白）色;"縓（緣）",帛的草染色,等等。当然,还有好些不同的五彩染织颜色。

请注意,这些颜色之字的释义,大多数还保留了染此颜色的丝帛,如此和实物不分离的颜色,织锦布帛本身的质感赋予它们光泽和层次(《说文》还附带这样层次性的释文:"一染谓之縓,再染谓之赬[赪],三染谓之纁。"),草木染、矿物染、动物染的不同染料又保留了气味——这样携带着不同的光泽、层次甚至气味,才是这些颜色之字最原初饱满的存在。

染色的气味有故事为证——相传齐景公喜欢紫色衣服,造成臣民仿效而紫色布料腾贵起来,聪明狡猾的晏子便利用紫色染料的气味,建议齐景公逢人就说他讨厌紫色衣服的恶臭,果然一夕之间就顺利平息了价格膨胀。

造字的困境暨文字生产线的出现

一个最美丽的形声字

因此，尽管在美学上略有损伤，不再能如象形、指事尤其是会意，但形声字还是很漂亮的，只要我们看久一些，动点脑子，加一点想象力，它就不再是没自主性的纯粹符号，而有寓言的味道。

最美丽的形声字是哪个呢？我个人会选"星"字——星星原来的象形字是"晶"字，品，用三颗明亮的大星代表满天星斗，形声字造出来新的"星"字，让沉寂的文字星空叮叮发出声音，而把原来的"晶"字保留给一种光亮的、闪逝的状态描述。

声音的部分，造字的人准确选了个"生"字，Y，这是草木萌生的美丽会意字。这里，小草被移植到浩浩星空之下，景象辽阔而温柔，你仿佛还可看见草叶上露珠的微光，一种有着细碎轻脆声音的微光。

3 象形的字

理论上，这应该算是个象形字，摹写的是会让彼时初民惊惧但并非不常见的自然景象，那就是集中于夏日水分暴烈蒸发、乌云密布、即将降下滂沱之雨的天空闪逝画面，由此冻结成文字。其中有云（雲）的符号 ◌（云，雲字的原形），有悍厉撕裂天空的长蛇状闪光，还有三个有趣的 田 字符号，当然不会是地上的田地忽然跑天上去了，这是这个字最有趣的部分。

因此，这个字就是"雷"字，会打死人，给牛羊树木带来死亡，也会降下丰沛雨水带来生命，若依卡西尔所主张初民蓦然惊惧深印心间的"瞬间神"概念（卡西尔以为诸神的起源正在于此），它显然还会带来宗教、生命本体的反思

象形的字　059

及其他。

  如果我们希望这个字更象形、更忠于自然景象一点，那甲骨文的确摹写了另一个造型，把 田 这个不易解的符号换成实体性的豆大雨点；如若一定要精准抓住打雷闪电且尚未下雨的山雨欲来的迫人画面（雨一降下，人心的确有随气压改变瞬间纾解宣泄开来的明显感受，如魔咒解除），好聚焦雷电的暴烈，不让雨水模糊了分散了注意力，那甲骨文中还是有另一个我以为更漂亮的造型，其中符号 ◇ 是不得不有点抽象化的光点瞬间冻结摹写，这招在甲骨文不止一回用到，像我们前面提过的"晶"（ 晶 ）和"星"（ ）两字，便以此代表星芒或星子。

  这两个用雨点、用闪光的更象形之字，有人讲同样就是"雷"字，也有人硬要区隔开来说这应该是"电"字原形，老实讲这没什么关系，这类同源异字的再分割现象不算少见（比方说以下我们还会看到，"育"和"毓"字也是这样，原来都是女性的生产实况摹写），一般都是因应着后来的需要和实际使用随机而生。

060 文字的故事

🌀 是什么？如果你去过外双溪乃至于北京的故宫博物院应该有机会看到，比方说造字之前的彩陶上头，这就是称之为"雷纹"或"雷鼓文"的图案，和云纹水纹山纹等等一样，先已经图案化了、抽象化了或说几何线条化了，没那么素朴象形。

从这里来看，我们还可以不算附会地说，🌀字中的云纹，似乎也有了图案化的倾向，原本的云字姿态要自然一些舒卷一些，更像它在天空的样子。

也就是说，🌀这个字，有颇象形的闪电画面，加上半象形半图案化的云纹，再加上已成象征符号的雷纹，这三者古怪拼贴而成，若硬要讲这是个象形字，也是个充满后现代概念的象形字。

这里，我们再来看另一个同样出现在天上的字，比上面那个拼贴的"雷"字更是魔幻的、想象的。🌈，这是彩虹的"虹"字，中间那尺蠖状的弯弧没问题，和你我看到的一样，但两头的怪东西是什么？有人讲这是龙（龍）的头部写生（龍，🐉，虽然有人说这是扬子鳄一类生物的变形，有

象形的字　061

人说是某种恐龙脊椎化石的想象还原,但基本上这已是个很魔幻的象形字了),也就是说,天上的虹,对造字的人来说,是一条巨大的七色两头龙,渴了正低头吸着水。

正是这样造出来的 字,制约了往后重造的新形声字"虹",让它以"工"的类似发音,从属于尺蠖所属的"虫"类。于是,在中国的造字心灵中,天上彩虹不是光影折射的自然景观,而是美丽壮阔的生命,是一只时时造访的神圣大龙,比起《圣经》中它是上帝和诺亚老爹的盟誓见证,是人和神灭绝性大战的停战协定兼核子限武谈判,想象力走得更远一些。

但这龙头部分无疑是画虫添头的行为,系来自于想象的眼睛而不是肉体的眼睛,是带着神话传说而来的象形字;或者倒过来讲,是魔幻写实,如哥伦比亚籍的伟大小说家加西亚·马尔克斯的自辩之言:"我的小说(针对人们所指称的所谓'魔幻写实'),每一行都有写实的基础。"

老材料与新造字

这样,我们大概就警觉起来了,象形字绝非简单无意见的造字,也许绝大多数的最终呈现方式,看起来就只是我手写我眼地乖乖摹写自然山川鸟兽虫鱼而已，但这只是因比重关系浮在海面之上羞怯安静的冰山可见部分而已，我们只要稍稍把头往下探，马上就会发现麻烦和危险了：一种狰狞而美丽的麻烦和危险等在那儿，它十分之九的巨大部分藏于水面下，愈是航行于文字海洋的老练水手愈懂得害怕。

我们先来看两组数字，让数字说话：一、据估计，人类生命史上的所有语言系统，仅仅百分之五产生了文字（当然，你可以说后来这百分之五的子裔主宰了这个星球，遂使文字涵盖着今天绝大部分的地表，并不断造成没文字的人们及其语言死去）。二、语言，存在也已三五百万年了，大自然慷慨给予我们声带，使得声音的有效和持续使用不会太晚于人类的存在时间。但文字从象形开始，却远远不及万年，时间比率最多只有百分之一，在这期间，眼睛可见的自然山川鸟兽虫鱼从未短少过，尽管样子容或有点差异，是什么阻挡了人们"自然而然"去摹写它们呢？或者应该讲，后来是发生了什么事，启示人们要大梦初醒般开始摹写它们呢？

其实，正确地来说，人类对自然的摹写并不自象形文字开始，而是一种独立的、不与语言接轨的图画。像我们说过彩陶上的图像花纹；像比方说美国西南方纳瓦霍族（没有文字）先民画在新墨西哥州巨大岩壁上，如今被盗猎的白人一块一块切下来运走贩卖的狩猎或仪式图像；或者更有名的，法国南方的拉斯科洞穴壁画，估计距今一万五千年到两万年左右，其中最醒目最漂亮的，是一匹桀骜不驯的橘色大马（橘色，是因为受制于他们的染料颜色），生动且野性淋漓，尽管被猎人追捕，屁股上还插着箭。看它长相，应该就是一匹如假包换的高地马（这是我爱马成痴的女儿教我的）。

　　从彩陶上已呈几何线条化的图像，我们可知道其来历的源远流长，因为山、水、云、雷的样子不会一开始就以此种"提炼完成"的成熟美学样态表现出来，而是枝叶细节长时间剥蚀的结果；而纳瓦霍印第安人的岩壁图画和拉斯科的地底洞穴图画更让我们骇异，这些古远美丽的画作绝不是无心的、偶然的。像拉斯科，我曾经看过一部科学影片，是科学家从头记录他们用彼时可能的工具配备，试图穿越时间重建绘图当时的经过种种，这事的艰巨、耗时和危险，可能比其成果更让人印象深刻。人要下到曲折无光的地底洞穴之中，在简陋少量、黯淡冒烟而且火光持续跳动的动物性油脂"照明"之下，用他们事先有备而来、辛苦调制的颜料（包括矿物磨碎提炼的有色颜料，混合了可堪黏附崎岖岩壁上的植物性黏着原料加入的口水云云，而拉斯科洞画的安然存留至今，说明他们的颜料研发成果斐然），这才预谋地、缓慢地，让自己心中那幅灿烂的图像，一点一滴一丝一毫地浮现于这个无光的奇怪地点。有趣的是，这些宛如锦衣夜行的了不起古老画家却留下了自己的手印，看起来还是ego不小，颇有艺术家的自觉和自恋——无论如何，这绝不可能如今天我们兴之所至，把纸笔拿出来就可以的行为，而是心中蕴蓄着某种炽烈的、宗教一类的强大驱力，才可能一个个难关打通、付诸实践的艰辛大事情。

从这些简单的事实，我们便该把人无心地、被动地摹写自然的天真图像给弃去，顺带地，我们也应该由此对造字人的基本形象有所调整——他们绝不是初来乍到，如童话中睡美人般睁眼第一次看世界那样的人们，相反地，他们之前已和地球相处了几百万年之久，已经用过非文字式的图像一再摹写过眼前的世界，也知道用绳结或刻痕来封存记忆，因此对某类和某种程度的符号使用并非全然陌生。此外，他们使用语言已有数百万年时间，极可能，也断续思索了几百万年时间。因此，在日出日落、月圆月缺和疏疏密密的星空底下，已有他们口传耳闻、代代增添修饰的神话和传说，对他们自身的处境，以及和自然界的关系作了程度不一的猜想、询问甚至相当的"结论"，他们大概也一定有自己的音乐和舞蹈，这是另一种情感和思维的载体和符号云云。是带着这些东西而来、并非两手空空的人们造的字,创造出一种和他们的老语言接轨松紧程度不一的新的符号系统来,而面对造字启动这样未曾有过的新工作,他们势必也像列维-斯特劳斯的修补匠一般,一再回头检视自己已有的各式材料,只要堪用,自然毫不吝惜拿出来用作造字原料。

因此,"雷"字的田形符号是老材料,"虹"字的吸水龙头也是老材料。

还有没有呢?应该还很不少。

比方说,数字的记叙方式,一般认为便来自于古老契刻的记忆,因此"一"画一杠,"二"画两杠,"三"画三杠,"四"呢对不起仍然画四杠而成为 ☰,到"五"才有了契刻的省时兼易辨识(不必傻傻去数)符号性处理,刻成为 Ⅹ,同理,"六"则刻成为 ⌒……

其次,则是结绳记事的应用,像甲骨文的"兹"字作 88 形,或"糸"字,作 ⅋,等等,有可能只是绳索织线的直接摹写(我比较相信此说),但也有人坚信这正是昔日结绳记事的符号保留。

我自己觉得比较有趣的是甲骨字对骨头的呈现方式。我们谁都看过海盗旗吧,画一个有着三处黑色窟窿和森森白牙的头骨,下面则交叉着两根哑铃状的长骨,应该就是我们为数两百多块骨头中最长的大腿骨部分。

这不是偶然的,因为图像的讯息传递,你得找出最特别、最照眼明白的部分,才能降低"误读"的几率,如果你穷极无聊想用比方说耳朵里某个奇形怪状的小骨头来表现,担保你十个人看有十种答案。

甲骨文的"骨"字不少,大致皆作 形,肉眼第一感几近不可解,但我们来看由此所衍生"死"字的其中一个造型 ,左方很清楚是一个哀痛逾恒的跪着的人,低头对着右边的朽骨,用此种方式来表达死亡毋宁是很奇怪的很魔幻的。因为一来时间感十分诡异,人要死成这副德性需要多长时间的剥蚀?不客气来说,左边那个人的哀伤也应该"很人性"地淡漠了才是;二来朽骨的存留,较容易保有的仍是头骨、脊椎、肋骨和四肢部位这些大件的,因此我们可以讲这个死去的人死得极抽象极符号,是二十世纪现代主义的死法而不是十九世纪大写实主义的死法。

答案何在呢?我想,除非彼时的人有着不同于我们的"共识",皆符号化地认定骨头的表现方式就是这样子。而这

卜 囼 冎 占

个共识又从何而来呢？应该就是来自对骨头使用于占卜行为的熟悉，也就是说，甲骨文的骨头早早放弃了写实，而以甲骨文本身为典故来造字——听起来像个绕口令。

我们就来看"占""卜"二字。"卜"字先来，它是骨头上出现的裂纹（烧炙的或自然的），呈 卜。"占"字更好玩，是为 囼，是块状的骨头上的裂纹，再加上"口"的会意，说明还是得有通灵的人一旁解兆，作为神界和人界的翻译者。

此外还有"祸"字，仍表现了死亡的意象，而呈 冎，注意仍是平板状骨头，而视觉焦点仍是卜状的裂纹。

因此，我们或多或少就晓得了"死"字中的亡者为什么长那样子，尤其是 占 上方的天线状诡异图像，极可能不是骨头的任何树枝状残余，而是添加上去的抽象性裂纹符号，彼时人们一看到这个，便完全明白下面那块就是代表亡者的骨头，而不是木板房屋什么的，就像今天我们看到海盗旗式骷髅一般。

也因此，有关造字起源的种种猜测，除了不负责任地推给仓颉一人而外，其他还有诸如"契刻说""结绳说""占卜说""八卦说"等等，但我个人宁可相信，这些都是大造字前人们的经历和成果，只要还用得上，都会被纳入造字的工程之中——就实质层面来说，这些成果直接化为建构的材料，就像我们上面看到的那样；就思维层面来说，这漫长的摸索经历，积淀为记忆，改变了或说整体构成了人们看待世界的角度和方式。就某种意义而言，我们可以说，彼时造字的人们是有备而来，有着为期达数百万年的准备。

从脚印开始

把契刻、结绳、占卜等等都降成汇为大河的支流百川，这当然也没能解决造字之所以启动那个最要紧但总是失落的环节，这一难题仍在，而且极可能还会一直存在下去，像个永恒的谜，但不能妥帖解决并不意味着不能再认真想下去，或说想也是白想没有意义——我们人生现实的诸多难题，像爱情、家庭、宗教以及生死等皆不见终极答案，可是想还是要想，否则就叫作虚无。

中国古来的一则造字神话，便是对着此一难题来的，我们可以从《说文解字》中找到，那是记在段玉裁的序文之中："黄帝之史仓颉，见鸟兽蹄迒之迹，知分理之可相别异也，初造书契。"这里，最有趣的讯息是，大造字的最原初启示，不是某一头奇异的兽、某一只罕见的鸟，或某个突如其来的特殊事物实体，而是事物鸟兽走过留下的痕迹，留下的脚印。你如果是一名有经验够水准的猎人，不难从遗下的痕迹和脚印，回溯到这个已不在眼前的实体，知道它的大致长相、块头大小、何时行经这里、从哪里来往哪里去。像美国当代著名推理作家东尼·席勒曼笔下的两名印第安纳瓦霍族神探乔·利风副队长和吉米·契警员，他们都是一流的追踪专家，在新墨西哥、亚利桑那的岩山沙漠之间，他们甚至可以不要脚印，只要从灌木丛或某株野草野花被踩过被啃过被碰撞过的样子，便能告诉你这是人、鹿、土拨鼠、叫coyote的当地特种野狼或他们视为比人更伟大更高阶的野牛，何时从此地通过。"每一种活物留下的痕迹都不同"，这就是印第安追踪专家对"知分理之可相别异也"的翻译——唯一的差别是纳瓦霍人没因此造字，他们属于那只有语言的百分之九十五大多数。

有造字而且可能还是最早造字的北非古埃及人，无巧不巧的是他们也把造字的功劳推给单一的对象。他是传说中名叫托特（Thoth）的神，托特神人身，但有一个朱鹭的鸟头，左手拿书版，右手执笔，掌管知识和魔法，并教导埃及人写字、计算以及制定历法——有学者从托特的造型推断，这正是古埃及人从尼罗河岸边软土上的鸟类脚印得着启示开始造字的神话变形。我们无从判断这个推论对不对，但我个人很喜欢其间所传递出的同样讯息及其巧合。

造字，尤其是作为造字开端的象形字，于是不那么依样画葫芦，不那么理所当然直接摹写，其间的这样曲折思量，某一部分解释了它为何"迟到"了数百万年时光。

当前台湾最好学博学，也最聪明犀利（这两样是连动的，年纪愈大你就愈晓得是这样子，绝不侥幸）的年轻文学评论者兼小说家黄锦树，曾准准地指出来，在文字和指称的事物实体之间，有一个"转喻"的过程。

以下，我们尝试地来解释文字这个必要的转喻。

共同记忆

文字的指称力量，通常不展现于所要指称的实体就好端端杵在眼前之时——当满天闪电雷声交错纵横之时，当雨后黄昏那一道七彩斑斓的彩虹又弯过天际之时，当麋鹿成群正撒开它们精致削细美好的四脚奔跑之时，你不真的需要文字，你真正需要的是手指头（食指），这是《百年孤独》里新马孔多村建造之前马尔克斯写的：:"世界太新，很多事物还没有名字，必须伸手指头去指。"

然而，太多太多次了，我们最需要它在，好让我们方便伸手指出来时，它却总是躲藏缺席，"当我最需要你的那一刻，你在哪里？"——如此悲愤，便不仅仅是哀恸的被放鸽子情人所独有的心情。

这时怎么办好？这时你就得要有某种"咒语"，好叫唤出隐身于彼此记忆中那个共同的东西，如同阿拉丁召唤出神灯中的精灵一般。

因此，文字是咒语，叫唤出记忆；文字是谜题，让听者猜出答案；文字是譬喻，让接收讯息的人从已知去导出未知；文字是履霜而知坚冰至，一点寒霜，不必真等到完整的冬日夹带漫天冰雪而来，就让人在心头重建出白色雪国模样而打起寒战——文字可以什么都是，就不必要是指称事物彻彻底底、纤毫毕露的摹写，它的讯息接受者，不是只长一对眼睛的怪物，而是有记忆而且会思维的人，他多少会联想，会触类旁通，会在一个图像一个讯息进入眼底那一刻，脑子像磁石般自动吸来数量不一深浅程度不一的其他相关图像和讯息，他不是脑子空空或甚至没脑子的笨蛋。

在文字的转喻过程之中，记忆，尤其是发文者和受文者共同的、重叠的那一部分记忆，是最重要的，这是文字讯息的交易场所，异质的、未知的、陌生的讯息在这里被"兑换"为彼此同质的、已知的、熟稔的通用讯息，一如异国的货币被兑换成本国的通货一般，转喻，就是在这里完成。

也因此，当这个共同记忆愈大愈深厚，文字负载的所需讯息量就可以相对地减低，文字也就能愈节约地使用——我们不难在生活中听到或自省到诸如此类的对话，比方说发生在寻常夫妻双方之间："那个结果你今天有没有去跟那个谁要？""没有啊，因为我才要去就接到电话，说照原先那样就可以了，其他三个人应该不会再坚持要那样。"这个顺利完成一切必要沟通的两句家常对话中，所有最关键的讯息部分，包括要的东西、要东西的对象、忽然打电话的人、最原初的处置方式、另外三个人是谁、其意图改变的处理办法，乃至于整个事件的呼之欲出图像，全是代称的、节约的、对旁人（未拥有如此共同记忆者）而言隐藏的方式来表述，但对这对夫妻而言，一切再坦白不过，像摊好在太阳光下无一丝疑义。

然而，也正因为异质陌生未知的讯息得仰赖共同记忆的转换，难免令我们警觉起来，这所谓共同的记忆是完全重叠密不透风的吗？你记忆中的绿色和我记忆中的绿色是完全一

象形的字

样的吗？另外，逸出共同记忆之外那一部分残余的、得用想象力来补满的讯息和图像，你想的和我想的会一样吗？是不是一定有转换不过来的碎屑掉落于缝隙之中呢？——这些怀疑看来都是对的、必然的，这正是文字无能为力的地方，也是文字传递讯息沟通讯息途中不可能消除的"测不准原理"式误解，它大多数时候难以察觉，但不会自动消失，而是安静堆叠起来，在能量累积足够时爆发出来，以变动地形地层的方式改变文字的发展和使用形貌，当然，也往往以同样暴烈的方式发生在自以为彼此了解、彼此坦诚没秘密没欺瞒的甜蜜夫妻之间，莫名其妙忽然造成家居方式及其形貌乃至财产分配的可怖剧变。

文字密码

理解文字的转喻和共同记忆的依存关系，我们便不难理解乃至于可以坏心眼操控文字所隐含的权力本质部分了——它最极致的一端便出现所谓的"密码"。密码其实便是一种对共同记忆的操控魔术，它以秘密的约定方式，把某一部分共同记忆建造起来并封闭，好排他性地独占这个共同记忆，让转喻私有化，让讯息只容允许的少数人拥有，从而寡占讯息所必然携带的权力。最需要也最会操弄密码的，在人类漫漫历史之中，一是以战争为权力争逐手段的人，用于战阵之中好从权力斗争场域中脱颖而出；另一则是宗教的祭司僧侣，用以隔离世人，好独享上帝的启示乃至于人间的知识。这绝非偶然或者巧合，国之大事，唯祀与戎，权力的如此操控方式由来已久，如果你想要找出人类历史上最狡猾最残酷最对权力不知餍足者，很简单，顺此文字逻辑找到并瞄准这两个领域就行了，绝不可能漏失掉什么。

有关权力和讯息的依存、共生、替换关系，在今天已是常识，不用我们引述"新马"批判理论，不用读罗兰·巴特，只要看电影就行了。杨紫琼所演邦德女郎的"007"《明日帝国》中，那位仿默多克的丧心病狂报业巨子所洋洋自称的便是，以前权力依靠的或者是飞机坦克原子弹，如今则是"讯息"——当然，电影中绝不允许他得胜，一定要死得很惨。比较有趣的是，取名"明日报"的，不管在好莱坞的虚构英雄剧场，或在台湾的人生现实之中，皆不约而同以垮台收场，不晓得这是狂妄冒犯上帝的惩罚呢，还是人们意图控制不可知明日必然失败的某种历史隐喻？

这样共同记忆所形成的文字密码意义，若我们把它降到文学上来，便容易得到多少有点令人灰心的图像——文学的书写，从文字的选择那一刻起，事实上，你已相当程度地将眼前的人划分开来。像昔日出埃及的摩西面对滔滔红海一般，一边是和你的书写有着基本共同记忆可解码的人，另一边则是不具共同记忆如东风射马耳的人，沟通和断裂在同一刻发生，这也难怪好的文学一直有"瓶中书"的苍凉感受，把讯息封存瓶中，留给远方你不识不知的有缘共同记忆之人，这可以不必有丝毫权力独占的意识，不必有任何倨傲之心要分别人的贵贱智愚，而是文字讯息的密码本质，你选择使用文字传递，它便不待你发动，自己去分割受众，自己去找寻解密对象。

愈来愈难解码的文字

在文字的如此密码光谱之中，一般性的使用文字当然在最底层，希冀它的解密作业最简明易行——因此，它所赖以建构文字的共同记忆基础，得竭尽可能求其最大、最普遍，最好是所有人的最大公约数。尽管理论如此，但彻底不遗漏一人的最大公约数是不存在的，因此，文字的辨识仍得仰赖学习，好补充漏失的记忆分享，而学习失败的终极例子，便是丝毫不具解码能力的所谓文盲。

这极可能便是文字始生的象形字,和单纯的实物写生绘图最大差别所在:象形字是文字,不需要完整交代纤毫不漏的图像,它是痕迹,是脚印,是线索,是密码,只要快速地、节约地捕捉到完整事物或概念最独特、最不易混淆的部分就可以了,但这个特色得是寻常人等照眼可看出来,最好就是周遭熟悉的事物(最大共同记忆),因此,上看日月星辰,俯察鸟兽虫鱼,文字很方便从这个所有人共有的、重叠的,万一还看不懂等明天日出有光亮时还来得及指给他看的东西开始。

四只脚的兽类之中,牛的特色他们判断是那一对大角,因此甲骨文只处理这个,不及身体和四肢,👋;同样的,羊也是那对角,但长法不同,因此甲骨文分别为 👋;此外,马的特别之处是它的聪明大眼睛和风中飞扬的鬃毛,因此 👋,四肢方面简化成两肢也就交代了事信息完整了;鹿又是角,但它是壮丽的树杈形状,👋,也一样只用两只脚。

天上的月亮,最特别是自古难全的阴晴圆缺现象,造字的人当然不会选用它最饱满最神气的浑圆时刻去跟更浑圆更光亮的大太阳竞争，也不会选用"月亮像一根眼睫毛"（港产名小说家钟晓阳语）的乍乍纤细新月时分故意混淆视听，他们用西瓜切片式的半圆形状，☽，只因为这才是月亮在自然界实物形态上最特殊、最单一标志的商标图像。

但这明白易懂的眼睛第一感图像部分数量极有限，很快会用完，边际法则的作用，逼象形字不得不往较精致、也解码者日稀的寂寞路上走去，这是没办法的事。

这里我们只举一个实例说明，我们晓得，人自身的甲骨文形象是 ，而小一号的"小人"则可用稀疏的头顶黄毛来表现，这就是"子"字， ，今天的漫画、卡通小小孩造型也还是这样子（这里一定要大家看一个"子"的金文字，出自利簋，是我个人所见过最可爱的字， ，如何？是不是可爱翻了？），但更小一号的，初生不久的婴儿怎么办？于是，我们便看到甲骨文被逼出一个准确美丽的字来（我个人非常非常喜欢），那就是"儿（兒）"字， ，这是眼睛不可见的实像摹写，其特色所有负责任的为人父母者都晓得，那就是初生小儿头颅骨的囟门部分未合拢，生物学者说那是因为人类演化出的巨脑，在胎儿出生后仍未停止生长，因此颅骨相对地开放，留着铜板大的空隙，在头皮顶下，软软的，可感觉出血脉的舒张跳动。

这个"儿"字，事实上已到达象形字的边界了，用中国的老文字分类概念来说，是暧昧立于象形和会意的边界，再往前一步，人的肉眼便再不能依赖了，得更倚靠人的思维，也就是说，对人们共同记忆的部分得更苛求更讲究了，这是文字发展的宿命。

也许我们应该这么解释好些：文字的日益艰深，其实是因为使用文字的人们，总有一部分人不想停留下来，他们试图扮演思维的探险家，想知道得更多更精致，于是，像个忠心耿耿、打死不跑好伙伴的文字也被拉动向前，舍命相陪，并不惜抛下那些不持续堆叠更多记忆的不思不看之人，好负责传递更多更精致更不易解码的新讯息；但也在此发展同时，文字自身逐步理出秩序，建构成系统，并开始大量在这个系统内自己堆积意象和符号的记忆，形成一个个文字自己的掌故。因此，对置身此一文字系统之中，熟稔这系统发展及其游戏规则的人而言，原先既成的文字成品又变成新的共同记忆，变成新造文字的材料和解码的新线索，文字遂可以利用这些"多出来且持续增加"的文字共同记忆,对造型即线索一步一步再简化,就像云不必再画那么完整那么传神拟真,🜂 大家就都看懂了,雷也不必再费神仔细重现,🏛 也就够了,只要小心别和田地搞混。

基本上,文字并不耽美,它是很务实的实用主义者。

如此,便构成文字发展的"里外不一"的有趣特质——就内在讯息层面看,文字一路朝更难处走;就符号外形而言,文字的长相又一路简化。有关文字的简化,我们留到本书稍后再谈。

莫奈的眼睛

塞尚曾如此赞叹过印象派绘画大师莫奈:"莫奈就那对眼睛,但那是多么无以伦比的一对眼睛!"——我个人常觉得好玩的是,有关印象派挑战古典绘画那一堆绘画史的革命性(当时)理论,好像整个可以移过来解释象形文字。

在甲骨文的世界之中,我个人最喜欢的是带着睁大眼睛符号的字(也因此这本书才从登高望远的 🕴 字开始),视觉不只是人最清晰、最普遍、最直接的感官,而且应该就是

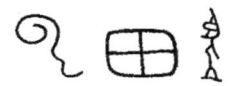

感官之始（概念意义上），还是我们思维材料的最大供应商。我总是好奇彼时造字的人们那对贪婪的、因造字启动而发现新视角新用途且惊喜于原来这么好用的眼睛究竟看到些什么，扫描到什么？更好的是，彼时文字的高度象形存留（不只在纯粹的象形字中），又相当忠实地、有些甚至如印象派准确捕捉那一瞬地把眼睛看到的东西刻下来传给我们。

感激莫名，无以为谢。

无以伦比的莫奈眼睛，这当然不会是眼科医生对1.5、2.0视力的健康式赞叹（事实上我们晓得莫奈晚年白内障，严重到需要标示好的颜料签条来选颜色），我在想，也可能不仅仅是莫奈对空间中构图的选择和最美好视觉焦点的捕捉而已，而是这对眼睛神奇地望向时间，准确地在连续的、绵密的、不分割的、从不为任何人犹豫过任一弹指任一刹那的时间之流中抓一个数学点，让它硬是停顿下来保存下来——如此接近奇迹的时间之眼才值得赞叹，才能抗衡并让《圣经》中上帝耶和华的夸夸大话"除了我，谁能令日头停止？"成为牛皮。

众所皆知，莫奈的印象派不是静态无意见的写生，不是"自其不变者而观之"的恒定风景摹写，他们强调光影变化，强调事物之一瞬，在广漠的时间长河之中他们只取那惊心动魄的一刹那。

这个和时间的英勇搏斗企图，才是印象派最坚实深沉的哲学基础，借由最短、最不稳定的光影捕捉，这不仅顺利联结上人类思维乃至于一切文学艺术驻止流光存留美好的终极渴望，而且还进一步通过具体而尖锐的实践予以彰显。然而，也就在这尖锐的交锋之处，一个文学艺术的亘久时间矛盾也同时被放大了出来：你如何耗时地去抓住那几乎不占时间的一点？

你意念才动，尚来不及提笔蘸好颜料，炫目的光影已离开了，云层再次舒卷了，风也止息了，河里的渡船又向下游移了两分。这个"说时迟那时快"的两种时间矛盾，我记得小说鬼才张大春曾认真思索并专文论述过（收在他《小说稗类》一书中，但不记得哪一辑，他实在写太快太多了），然而，在小说之中也许不易察觉得如此矛盾，到印象派手上却不得不浮现到人皆可见的迫切地步上来。

因此，印象派强调当下眼睛所见的真实（以抵抗画想象式的《圣经》历史人物肖像），但他们真正画的只能是记忆——记忆是时光列车的第一个停靠站，乘客由此才能转车到诗到小说到历史到绘画雕刻。也因此，印象派的画家不一定要晒得很黑很小麦色肌肤，有资格当耐克球鞋或某运动饮料广告代言人的健美型人物，他们好生守护住心中那幅光影明迷的瞬间之画像，小心保护一个不能熄灭的火种一般，还是可以回家到自己画室里，再一笔一画好整以暇并从容修改地在夜间灯下画出来。要不然你想，以秀拉那种不调色的点画法要搞多久啊？

莫奈的眼睛，于是正如生理学家告诉我们的，仍有神经联结到了大脑，以及哲学家所相信的，联结至今谁都还不晓得在哪里的所谓心灵——一方面，他的眼睛表现极称职，是个好的材料供应商，但真正厉害的是指引着眼睛的脑子和心灵，还有，我们最不可及变魔术一样的双手，有些记忆画面，老实讲我们也惊异过也难忘过，但一不小心就画成更"进步"的抽象画。

是的，不是从眼睛直接通到双手，这两站之间没直达车，一定要绕道脑子和心灵，在那里积淀成为记忆整补成最美好的图像，这个必要的转车就是黄锦树讲的转喻过程，眼睛输送来的原始浑然材料在此挑挑拣拣（有时自动化到几不可察知），舍去一些多余、重复、无关紧要的，对其中最好最有

象形的字　　083

加工增值潜质的好好琢磨。非常喜欢绘画且对绘画技艺情有独钟的列维-斯特劳斯也这么讲，他相信即便是技艺，重要的仍是脑子，其次才轮到双手。("人手比起人脑，仍是个拙劣的工具。")他也强调"逼真画"绝不是眼睛所见实物的单纯摹写，而是画家和绘画对象的"主体客体的合一"，通过这个必要的合一（在记忆里），单纯扁平的风景遂有了焦点有了意志，从而深邃起来，可以用二次元的画布传递三次元的画面，以及四次元的思维讯息，是这样才完成了一幅好画，观者眼睛看到一幅画，也同时察觉、感受甚至心领神会存在画中的讯息。

非现实之物的现实主义

如此，我们或许就更理解了"雷"字和"虹"字何以打开始就以这怪异长相出来，也让造字之始的所谓"象形字"意义深沉起来正确起来——生物学者告诉我们，人眼的物理构造没变，不一样的地方源自于人的内心深处脑子和心灵，当然它不是唯心的，而是眼前客体和内心思维记忆的叠合，眼睛所投射的干净素朴线条遂有了变化，开始模糊起来，摇曳生姿起来，甚至冒犯我们地扭曲变形起来。这样的不尽忠于眼前实像当然是有意的，在摹画者的知觉之中的，就像最初摹写彩虹那个人不可能不晓得他其实添加了不在眼前的两端龙头，但对摹画者而言，这样的选择变形添加却极可能是"很自然"的，他认为这才对，才完整，才负责忠实，他从头到尾没讲一句他要象形，讲他只使用他知觉中只占一小部分的视觉而已，象形是我们事后方便贴给他们的，既非造字原则也不是美学标准。

因此，如果"象形"这个标签有问题，会误导我们的认知，会因小失大，我个人建议我们当下就可以取消它丢开它。

这便碰到"真实"和"实在"的麻烦认识论问题了。这里我们只再说一次，造字之始，是艰辛且开天辟地性的创造大事，造字的人心中有事不能解，不只是想当个拍照留念的悠哉游客而已——这不足以驱动他们，他们的想望和野心明显要比这大多了——他们就连物象之外那些没形没状的，眼睛功能不足看不到的，甚至一闪而逝的东西也想一并给抓下来，而在他们所身处那样一个万物俱灵的现实里，这些满天飞舞却肉眼"几乎"不可得见的东西，的确远比今天我们所相信的要多，也要"真实不疑"。

看结果好了，看结果出来的成品有时也是个情非得已的好办法：你喜欢科幻电影片头那种典型的仿照相繁星画面呢，还是凡·高星光古怪旋动流转的《星空》呢？老实说哪个更"真实"且淋漓地抓住我们和抬头满天亘古星图的心悸感受的无可言喻命运联系呢？

有眼睛是很好的，是无上恩赐，但除此而外，我们也还有其他有意义而且精致的知觉，没必要让两只眼睛单独得胜而遂行专制统治。

加西亚·马尔克斯又是另一个好结果，他同时也是"眼睛和我们长不一样"的人——据他自己回忆，他眼睛的改变从最早的童年时光就开始了。他诞生在外祖父母所居的阿拉卡塔卡镇大宅之中，跟内战英雄的上校外祖父和满脑子鬼神迷信的外祖母长大。外祖父跟他讲哥伦比亚乃至于整个拉丁美洲的无止无休革命暨内战传奇，让他浸泡在真实的死人之中；外祖母则为了让她这位日后拿诺贝尔奖的小外孙乖乖坐椅子上不乱跑，不断用形形色色的鬼故事吓他，各种鬼魂，各种凶兆，在茉莉花香气和蟋蟀鸣叫声中，小马尔克斯看过带着死亡信息的黑蝴蝶飞进屋里，看过做弥撒途中忽然腾空而起的神父，看过和活人一般无二地住屋、起居、活动的安安静静的死人，以及黑夜一到，便满空气中来来往往的阴魂幽灵。

这是什么？马尔克斯自己下的定义是，"非现实事物的现实主义"，或者是，"十分合情合理的非现实"。为他写传记的萨尔迪瓦尔注释得非常好，他说："（这是）神话、传说、信仰、迷信构成一种与客观现实本身同样强大抑或比它更为强大的准现实框架，并且决定人们的思想与行为。所以在他的作品中，'现实'这一概念的内涵将要扩大，将要变得较为复杂，他为这种现实所承担的作家责任也将随之扩展和变得较为复杂。"

而最重要的，这就是《百年孤独》。

4 指事的字及其他抽象符号

这里，让我们来料理一下指事字的问题。指事字是甲骨文中最稀少的字种，但真的有它很好玩的地方，那就是纯抽象指事符号的发明和应用。这个抽象符号的存在，说明了文字要探入抽象概念表述的某种程度艰辛，得无所不用其极才有机会克服，但另一方面也说明执着于具象表达的老中国人并不真的那么死板，不知变通。

　　指事符号通常是个小横杠"—"，就像电脑荧光屏上出现的游标一样，应我们目光的焦点不同跑来跑去，灵活得很。

　　上头那一组三个甲骨字，一看就晓得都和木本的树有关系，事实上，把它们三个并列一起，便构成了一幅诸如小学生课本里树木的构造图解及其称谓，小游标跑到 ，也就是大树顶端，要我们只看此一部分时，这个字是"末"，指的是树梢枝丫；小游标回到正中央，这个字成了"朱"，意思是树干部位，也就是"株"的原形字；等小游标再降至最底部时，又变成了"本"，以此类推当然意思是树根。

今天，这三个字虽然全被转注或假借走了，但走得不远，还很容易追得回来。

小游标回应着指事功能的必要，倒也没有非一定表现为横杠不可，比方讲最具代表性的是这个字，是"刀"的象形字，小游标斜斜跑到最锋利割人的地方，这个字即是"刃"字，意思正是刀锋；又比方说这个字，小游标干脆一分为二，分别指在人形符号的两腋之下，这就是今天的"亦"字，"腋"字的原形，后来被假借走了，却莫名其妙费了好一番手脚才重新得到失落的专属指称——这过程重建起来大致是这样子的："亦"先是作为声符，结合了，也就是月亮的意符，组合成新的形声字，这就是"夜"字（占人生时光整整一半的"夜"字，居然这么晚才出现，并不表示古人的天体循环有何不同，可能只说明照明未发达的早期，日落之后无光的漫漫长夜是的确存在但毫无生活实质意义，无须赋予专属的标示；当然，也可能彼时这段做不了事的暗黑时光有另外的文字代表，比方说甲骨文中有一个充满虔诚意味的字，〖图〗，是人恭敬跪着迎接月亮的漂亮之字，这就是今天仍大致保有着原来意思的"夙"字），之后再以这个"夜"字为声符，加肉体符号"月"（〖图〗）字为意符，而重新诞生出这一波三折的全新"腋"字出来。

更有趣的是，这个"腋"字是有着月亮的符号没错，但却不是我们一眼看到的月字边，那是肉体符号在字形变化时造成的，真正的月亮已化入字中再形容难识了。

提到"亦"字，就一定会让我想起一个我个人非常喜欢的字，〖图〗，当然这个字并非指事字，而是漂亮的会意字——在同样人的双腋之下，画上纲目疏张的织物类符号，一方面显现那种清凉通气的轻薄麻、葛一类的夏衣，同时又准确无比标示在人身最积汗难受的腋下，这个字就是"爽"，实至名归，一看就神清气爽、一派自在清凉无汗的舒服样子，三千年之前的字，直接可在今天搬上电视屏幕做夏日冷气或冰品一类的广告。

曲线式指事符号

再来则是弯曲成曲线以求更精确的指事游标。

先看这个字：⺈，⺈是手，指事游标呈曲线告诉我们要的是这一截，大致是我们的小臂部位，于是这个字成了"厷"字，也就是"肱"的原形字，三折肱而成良医，闽南语翻译是打断手骨颠倒勇。

同样的情形是这个字：尻，臀部也，屁股也，用甲骨文重建出来是 ⺁，同样道理同样手法曲线游标括住我们所要传达的部位，这个"尻"字，认识的人已愈来愈稀少（另一个几乎和它形成对称的形声字"屌"则比较幸运，因为被纳入流行语使用而复活，转注为"很棒""很厉害"的洋洋自得意思），死期已然不远，往后，我们可能只能在东邻日本见到它，那是北海道外海的一个小孤岛，名叫利尻岛，产日本最好的云丹（海胆卵）和昆布，你从北海道最北的稚内搭船，航程中一路有海鸥伴你而飞。

此外，还有一个稍有争议的指事字，⺌，曲线游标准确括在人的中腹部这一截，这就成了身体的"身"字，应该就是"腹""肚"这些稍后形声字的原初指称——但要命的是，另有一个"身"字的甲骨文在腹部中空之处加了一小点而变

成了 🝒 形，于是抽象的指事符号遂当场变成实体性的鼓胀肚皮而怀起孕来了，也就是所谓身孕之意的另一种"身"字（闽南语至今仍这么说），于是，老子所言"吾有大患，为吾有身"，本来是哲学睿智况味十足的话语，是人对自身肉体存有的深沉反思及其超越，这下子堕落成了 teenage 年轻莽动男孩女孩玩火后的绝望发现："我完蛋了，我猜我怀孕了。"

小点的三态变化

当然，所谓六书只是中国大造字告一段落之后的尝试性分类解释，而且还是在没见到甲骨文状况下的相当程度猜测性分类解释，既非先设的造字指导原则，事实上也不尽完备与准确，比方说，像甲骨文中尚存在着另一些抽象性的符号，却很难被归并为上述的指事符号，这些往往更异想天开的符号，不仅更现代感，甚至还卡通化，令人莞尔。

得提醒一下的是，并非所有甲骨文中的小点小杠都是抽象符号（我们说过，甲骨文因系刀刻，圆形不圆，小点小杠也往往很难分别），它往往是滴落或飞溅的小水滴，包括血水，比方说画成 ※ 的"祭"字，小点就是手拿肉块祭祀时滴下的血水；包括雨水，比方说画成 ※ 的"雨"字，以及我们已看过的、更传神好一幅雷雨割破天空云层沛然刷洗下来的"雷"字，※；包括井水，比方说杠杆原理省力汲水工具发明的图式证据，※，"录"字，活生生一个架在水井上的汲水辘轳模样，井水四溅；还绝不夸张地包括口水，这个有趣的字画成这样子，※，是一个跪坐的人张大嘴讲话的模样，口沫顺势横飞，当然不雅到一种地步，这个字就是"次"字，大致是指控性的"低级"之意，如果你也有幸挨过，想必同样印象良深难以抹灭。

小点除了液态的水之外，也可以是固态的，比方说画成 ※ 的"稻"字（禾旁是日后才添加的意符），很清楚容器盛不下的满而溢小点是米粒；也可以是气态的，比方说画成 ※ 的"香"字，便是谷类煮食时逸出的香气，是永远饥饿状态下的小学放学回家路上最闻不得的美好气味；还有 ※，"磷"字，是人形周遭散发出来的鬼气森森磷光，想来不大可能会是个好好活着的人。

传送到耳朵和皮肤之字

让我们重新回到抽象符号来——老实说,后代尝试用指事符号来归类,真的是小看了造字的自由不羁及其华丽的想象力。

来看这个字:彭。

这个基本上可称之为异想天开创造成的甲骨字,左边的 是个鼓(但甲骨文中的"鼓"字,得加上手持鼓槌击打的图像,而成为),至于右边的三个斜斜小点,究竟该不该称之为抽象符号呢?它是鼓敲击起来的声波振动,我们肉眼不可得见,但耳膜乃至于皮肤表层的末梢神经可是清楚接收得到,造字的人把空气中透明的震动声音,奋力地刻画成实像显现出来。

这个字就是"彭"字,鼓声,《诗经》里也借用为车辆或马匹大规模开拔的嘈杂声音,我们今天同样拟声地写成"嘭",用在波涛的击打声音则改用"澎",原来的字失去了所有的意义,最终只存留于姓氏之中。

"六书"之中，它该归属哪一类，不是指事，不是形声，说是会意嘛有点勉强，毋宁最接近象形，一个"耳朵听见的象形字"或者"皮肤感知的象形字"。

鼓声是一种有着普世性感染力量的动人声音，不晓得是因为它极可能就是人类最早的发声乐器（而且好像没有哪个民族没这玩意儿的），从而神秘地叫唤出来我们最亘古最原初的，如荣格所称的集体乡愁记忆呢，还是因为我们基本生物结构的关系，它模仿或偶合的正是我们生命象征的心跳声音，因此，我们由此而来的血脉奔流节奏，很容易地就跟上鼓的震动声音而同步合拍——中国的《礼记》对于如此的效应有着极精准的体认和明文记载，说"鼓鼙之声欢，欢以立动"，的确这嘭嘭响起的声音会让人血液循环蓦然加速起来，不自觉站起身，知道一定有什么事要开始了，比方一次狩猎行动、一次战争，或今天更多人感同身受的，迪斯科舞厅或者摇头吧里又一场大汗淋漓的热舞开始了。

鼓是开始，可能唯一的例外是清心修行的佛寺庙宇，他们倒过来，清晨敲钟，薄暮击鼓，我的老师告诉过我："钟声令人起悠深之思，而鼓声则是充实的存在和行动。"看来，这些得道的高僧们，上班时要求的是宁静杳远的心思，倒是下班后也跟我们一样，鼓声嘭嘭，有一种活过来的感觉。

无论如何，今天我们重看这个三千年前的有趣鼓声之字，尤其是那三个震动符号，想必只会觉得会心亲切，不会有丝毫陌生之感，因为这正是今天卡通影片和平面漫画最惯用的手法，我们从小和它一路相处过来，只是不晓得原来它如此古老，足足存活了三千年以上。

眼睛的错觉之字

最后，我们再来看一个更卡通更漫画的字，这是从许进雄先生的《中国古代社会》一书学来的。

在甲骨文的世界之中，人依靠双脚行走的三态变化，其中最基本、最安步当车的一种正是"步"这个字，甲骨文作 ，草鞋步鞋草鞋步鞋两脚交替向前迈；也有再加上道路符号而成为 （左右脚哪个在前无关宏旨），开大门走大路。

要是真有急事想走快一点，便成为"走"这个字，这个字在甲骨文中没出现，但稍后的金文仍形态清晰可识， ，

大步向前疾走的人左右手也跟着大幅摆动起来。这个快步而行的"走"字，从声音到字义还在今天的闽南语中好生生保存着，闽南语基本上没有后来替代的形声字"跑"，一路沿用这个古老的字。

更快比方说有猛兽或债主或盛怒的老婆在后追杀时怎么办？于是这原本就奋力迈步的人遂再加速成为如此没命狂奔的样子，，这就是今天的"奔"字。此字的创造精髓当然就是最底下那三个脚印符号——当然不是人因此变成脚很多的蜈蚣或脚更多的倍足纲马陆，这个多脚的影像绝非实存，却很显然正是造字者真的肉眼所见且忠实予以记录，它一不吊诡二不神秘，就只是源自于影像的视觉暂留现象，因为我们眼睛反应不够精确灵活的错觉所形成的。但说起来也还好有这么个缺陷存在，否则我们今天看的电影电视或电脑游戏迫力十足的 3D 影像画面将失去一切神奇魔力和效果，我们看到的只会是一格一格分割如漫画书的画面，那很多人晚间和假日的悠悠时光就不晓得该如何是好了。

同样的麻烦："奔"这个字，我们该说它是会意字或指事字或形声字吗？不可靠的《说文解字》说它从夭賁声，当然是胡说八道，我以为它仍应该算眼见为凭的象形字——如果说，🙣 是"耳朵所听见的象形字"或"皮肤感知的象形字"，那这个 🙣 字一定可称之为"眼睛看错的象形字"，不是吗？

5 转注・假借・不再创造的新文字

上头这一排四个字分别是"东""西""南""北"的甲骨字，在谈下去前，先让我们进一段广告。

我个人之所以注意到这四个字，是看了许进雄先生一本精彩绝伦的著作《中国古代社会：文字与人类学的透视》。这本台湾商务印书馆印行的绝妙好书，任何对中国文字有兴趣的人，以及到现在为止还想不出中国文字有何乐趣可言的人都应该买来看，定价五百八十元台币，但保证物超所值，使用后不满意我个人愿意负责原价回收，包买包退——事实上，我个人买来随手给人的已不止十本之多，我猜，同样极力推销此书的文化学者詹宏志所购买的也应该不下这数字，往下，我们还会不断提到许进雄先生此书之中的动人发现和洞见。

好，有史以来最诚实的广告先告一段落，这里让我们先回到"东西南北"来。

用东西南北来作三百六十度方位的四个基本定点，是相当普世性的方位标示方式，但这不是实存的，而是人的发明——这个发明当然还是有其漏洞，一方面是因为据以发明的日升日落位置、北极星不动所在和牵引磁针的地球磁极之间有着微差云云；另外，东西南北是二次元扁平世界的方位标定，如同欧式几何的缺陷一般，当它应用于三次元的非欧几何实存世界时，难免会出现麻烦，你一定听过非欧几何的所谓球面和马鞍面，所以才会出现你若立身于南极点上，不论朝哪个方向走去都是向北走的诡异事情。

当然，就我们正常人的正式生活来说，东南西北有个一二度的微差是可忽略，而位于"南国以南"的奢侈南极点也不会人人能去时时会去的，因此，东西南北仍是堪用且有效的。只是，我们其实并不一定仰靠它们来指引我们生活中的行动方向，尤其是住城市的人。高楼大厦挡住了人的望远目光，平直的地平线成了城垛状高低起伏的所谓城市天际线，太阳只在窄窄的头顶天空才可能瞧见，日出月落之事离开我们的生活起居，正式被划归到休闲旅游的范畴（"让我们到玉山或花莲海滨看日出"），本来就不是最亮的坚定北极星更可能一辈子只听过没看过——更有效指引我们方向的是人工建物的道路和各个建筑地标,东西南北究竟何在好像只剩周休二日打麻将的人还会操心。

但也并非所有的城居人口都这样子,比方说,北京人(当下的,不是五十万年前活着、先是国宝后来消失的那个头骨)还是习惯东西南北的,我猜,这跟北京城存在太久太重要有关系,方位标定准确的东南西北城门制约了往后城市的道路系统和生活动线,遂进一步沉淀到人的意识和语言之中——有回,我们一干人等闲谈起此事,正巧北京来的学者戴锦华教授也在座,戴教授接腔道:"是啊,在咱们北京,丈夫半夜炕上翻了个身,推了下老婆:'你往南边靠靠。'"

依许进雄先生的解释,东,像两端束紧的某种袋子,在尚未开发出纸袋和塑料袋的当时,可能是动物的中空胃袋;西,像个藤类材质编织而成的篮子;南,像悬吊起来的铃或钟,乐器类的;至于北,两人相背之状——其中只有"北"字还算追溯得回来,这个字应该就是"背"字的原形,后来被抢来作为方位符号,只好在原字之

转注・假借・不再创造的新文字　　107

下加个"月"的肉体符号以示区隔。

尽管来路已蓝缕,有四分之三我们再追不回原初,但借助甲骨文形象的存留,至少我们可看出并断言,这四个字的造型和方位的可能联想完全扯不上关系,甚至都是人造之物而未有自然界天地山川的任何线索。

这里,我们来谈转注字和假借字,如今从造字六书中被逐出的东西——只是,我个人以为,不是因为它们不重要,而是太重要了,得独立地来认知。

转注的意义延伸

我们说,形声字不再创造出新的字形,而是用组合的方式来创造新的字;假借和转注则根本连新的字都不再出现,而是原有文字的废物利用,因此,没有"造",只有"用",这样的斤斤计较其实是有意思的。

什么是转注?转注基本上是文字原初意义的辐射,通过引申、联想而延展出新的意义和使用方式来,就好像日落黄昏的"莫"字转成不宜,十字道路的"行"转成动态的行走甚至再进一步延伸为人的举止作为一样,文字的转注,在原意和新意这两者之间,保持着意义上不绝如缕的牵联——

当然，在文字的长期使用之中，一个字极可能历经了太多次的一再转注，再加上文字发展过程中惯见的、使用者对于意义的误解误用乃至于单纯的写错字，形成意义上的"断桥"，再无法重建这道旅程，以至于我们今天难以辨清，究竟是文字的重复转注而迷路，或仅仅只是单纯的假借而跳跃。

也有些字，我们则从一开始就不容易分清楚，它究竟有没有原初的单一素朴意思存在而经历了意义的转注，还是它本来就极聪明地懂得用生活中的具象事物来表达一般性的抽象意念。

我们就来看原初的"初"字吧，在甲骨文中它极具形象，，左边的 是象形的交衽衣服，也就是"衣"字，右边则是一把刀，它究竟原是裁制衣服的专用步骤指称呢，还是用"第一刀"的概念传达"开始"的一般性意义呢？还有，像甲骨文中的"即"和"既"这两个字，若依原始的字形来看应该是两个反义字，它们分别长成这样子： 、 ，左边的 就是称之为"豆"的当时食器。两字的差异只在于右侧跪坐的人形，是正向或背向而已，因此它们有可能原来只是进食过程中开始和结束这两个程序的专属指称,可再转注成"靠近"和"完成"的抽象概念意义,也有可能造字之初就处心积虑借助这每日得做两次(商代当时,据考证,一日吃两餐)的熟悉行为,对准了来表达如此的抽象概念。

用博尔赫斯的赖皮话来说(当然博尔赫斯本人不是真的赖皮,他是谦逊,我们才真的赖皮),还好我们不是专业的教授学者,不必花脑筋负责解决这样专业但无趣的问题,我们只要享受这些原始具象字形和今天我们理解的抽象意义之间的美好联系就行了——想想看这多好,原来"即"字的"靠近"意思之中,空气中飘漾着这么好闻的味道,饭香时节午鸡啼,连公鸡都违背职业守则跟着热闹叫起来;而"既"所表达的"完成",更有一种酒足饭饱,从而放眼过去世界一派安乐和平的好景象不是吗?

假借的意义跳跃

至于假借,则比起转注要野蛮许多了,它是字的无偿借用,借用时并不考虑到意义的必要勾联,而只根据该字的声音,把文字直接当声音的记录工具来用,这是中国文字发展及使用过程之中最接近西方拼音文字抽象式记录语言(即声

音）的方法。

因此，说借用实在是太客气了，至少是帮派兄弟上门或政治人物跟公营行库贷款的那种借用方法，用罗兰·巴特的话来说，这其实就是一种篡夺，另一种文字使用的绑架，借了当然不会还回去不说（台湾俗谚有云："借钱要还谁敢借？"），善良些的还可以两个意义并存留点余地，更多的情况是干脆把原来的意思整个抽空掉，而形成现今使用意义和原初造字形态完全脱钩的断裂现象。

"东西南北"，每一个字都是这样，以下，我们多找几个比较漂亮但横遭掠夺的字来看，如通俗故事中那种命运坎坷的红颜薄命情事，它们不像转注字给我们一道"原来如此"的漂亮轨迹，而是一种不相称、不知从何而来的诡异纵跳，像读一首意义不明的诗。

"来（來）"，今天常用而且谁都懂的字，它原来长的样子是 ，漂亮款摆的禾类植物，据研究就是麦子。

"万（萬）"，一样常用而且一样谁都懂的字，但它原来却是一只狞猛美丽的动物， ，蝎子，可再转注成某种天赋

转注·假借·不再创造的新文字　　111

异禀的女性同胞,草字头是从它那两只漂亮大螯演化而成的。这个字被掠夺之后,原字被加上"虫"的意符而为新的形声字,也就是蜂蛰的"蜇(蠚)"字,有毒会蜇人的,但今天也差不多不用了。

"改",不懂这字的人请举手,但谁知道它本来是个除害的勇敢举动呢?在甲骨文时它呈 ,左边的三角头活物是禁得住生物学验证的一条毒蛇,右边则是有人手持棍棒作击打之状,这是早期之人家居生活"与蛇共舞"状态下经常得做的危险之事,不像今天通常只打电话给地方消防局的人来处理(奇怪,台湾地区各县市消防局负责捕蛇吃蛇的例行业务究竟是怎么建立起来的呢)。

"旧(舊)",难写但仍是常用易懂之字,它原来的字形更漂亮, ,《说文》中许慎告诉我们就是一只猫头鹰,全世界摆设性、收藏性玩偶造型最常取用的生物,不管是木头、塑胶、陶瓷或铸铁。想害别人,你一可劝他办出版社(现在可能要改成网络相关行业);二可劝他收集猫头鹰造型的玩偶,保准他破产。

当然,今天我们袭用代表猫头鹰的"枭(梟)"字仍是个漂亮的字,是枝头上神气蹲踞着的一只大鸟,尽管多数大小、颜色、性格各异的鸟都有停立树梢的习性,但造字的人仍准确记得,其中最具代表性的画面仍是这只看起来沉静、若有所思、仿佛看穿一切如森林中第一智者的猫头鹰。

不再造字的两大主角

这就是转注和假借的大致意思,以自然和强横不一的应用来替代重新辛苦造字,以手中既有的有限文字,奋勇来表述更多生生不息的、可理解为无限繁衍的具体事物和抽象概念。因此,转注和假借一刻也没真的停止过,到我们谈话的此时此刻都还随时随地发生,毕竟,新的事物和新的概念以及语言不断发生,文字有义务得适时跟上。比方说,今天我们本来已经完全不用的"糗"字,被同音假借而如人子复活,用来表述人的尴尬出丑洋相,也用以表述动词的揭短嘲讽攻讦之意,而它的原意本来是某种干粮,行旅征战带身上的,原本并不多人晓得;至于"您真太逊了"的"逊"字,是不行、不称头、上不得台盘乃至于年纪一到欲振乏力的现代贬词,大致可理解为原来谦卑、做小伏低之意的延伸翻转(很多德行,在价值观不同的异质社会中,可能猪羊变色为弱点,这已是常识,两千多年前的《孙子兵法》已经揭示了这点)——因此,"糇"是假借字,"逊"是转注字。

转注和假借,早在大造字犹如火如荼那会儿便已正式启动,却在大造字很快(历史时间刻度意义下的"很快")告一段落的千年悠悠时光中更加勇猛奋进,联手支撑起文字表述的全部重责大任来。我们想想看,尤其是这后来的千年时光,还是人类社会发展变动不断加速、新事物新概念新名词的产生也随之不断加速的时间,我们却只零落断续地产出完全不成比例的寥寥有数形声字(且大体集中于化学元素表上),如铈、铱、氘、氚云云,其余都得仰靠假借和转注来支应,由此可见转注和假借有多重要,怎么可以让它们语焉不详地附诸六书的骥尾而轻言视之呢?

列维—斯特劳斯的"修补匠"

作为表述材料的文字数目已不再增多,但新的工作要求不停冒出来,这种景况,让我们想到列维—斯特劳斯聪明的"修补匠"譬喻。

列维—斯特劳斯所说的修补匠,指的大体上是稍早社会中那种背一口箱子或推辆车子挨家挨户替人修补家具杂物的行脚工匠,他的工具加上使用的材料,就只那口箱子或那辆车子所能携带的那么多而已,但他可能接获的工作却五花八门,完全看顾客的需求而定,床、桌椅、篱笆、窗户云云——这种兜售的、行脚的修补匠,大约在台湾一九六〇年代之前也有,游走于彼时的小乡小镇之中,农村大概就不必了,一来因为家家相隔太远不划算,二来农家的修护性工作大概都自己动手,当然,DIY的修护实质方式和修补匠相去不远。

修补匠怎么工作?每当一件工作来临,他总得先回头检视并挑选自己既有且仅有的这些参差不齐材料,他先往后看,再前瞻,修护的工作本质是"堪用",而不是完美再现,"一块特殊的立方形橡木可当作一个楔子来补足一块不够长度的松木板,它也可用作一个支座来衬托一件旧木器的纹理和光泽的美观"。

列维-斯特劳斯说:"他(修补匠)的工具世界是封闭的,他的操作规则总是就手边现有之物来进行的,这就是在每一有限时刻里的一套参差不齐的工具和材料,因为这套东西所包含的内容与眼前的计划无关,更与任何特殊的计划都无关,它是以往出现的一切情况的偶然结果……换言之,用

'修补匠'的语言说，因为诸零件是根据'它们终归会有用'的原则被收集或保存的。这些零件都没有太专门的性能，对于并不需要一切行业的设备和知识的'修补匠'来说，是足以敷用的，但对每一种专用目的来说，零件却是不齐全。"

这个"修补匠"概念及其论述，本来列维－斯特劳斯是用来谈"野蛮人"的神话建构的，但——未来工作的不透明、不可预见，因此无法也无力事先备妥所有的准确材料。新工作来临时的第一步，先回头往后看，从有限的既有材料挑拣。手中材料是偶然的结果。修护工作堪用但不可能完美的本质宿命——这些毫无问题可一整块移过来说明文字使用的处境。

象形、会意、指事、形声，这些是我们箱子里车子上所能装下的全数有限材料，而转注和假借就是我们的文字修补术，我们操持这个行当已达数千年之久，而且看起来还得一路行走吆喝叫卖下去，不会有了结转业的一天。

有钉痕的文字

如此的有限文字和无限指称对象的全然不均衡状态，逼使文字得不断地重复使用，不断通过转注延伸到相邻的意义，不断通过假借跳跃到遥远不相干的事物，这使得文字无法纯净地守护住最初的单一意思，而是内在意义的不断堆叠和外在意义的无休止试探，文字遂高度地歧义，高度地不稳定，同时存在着固态的黏着、液态的漫漶和气态的扩散，这也是我们对文字又爱又恨，总烦恼并惊奇于无法精准掌握住它的一大部分原因。

至于爱恨的比例还是有差别的，其中幸与不幸我猜多少和行业有关吧。如果你是讲究精确、透明、努力寻求干干净净表述文字的人诸如科学工作者或法令研究者，那文字这种闪动不居的不稳定本质大概会让你恨得牙痒痒的（当然，律师这个不讨人喜欢的行业可能好些，这种文字歧义不稳定所拓开的操作空间，增加他们甚多为自己寻求更美好生活的可能），像爱因斯坦为代表的绝大部分物理学者便是这样，他们心目中最完美的表述形式便是 $E = mc^2$ 这样的东西，宇宙的广袤深沉奥秘，就这么明朗干爽、毫不拖泥带水地好好装进这三个字母、一个等号加一个数字符号的方程式中。爱因斯坦本人尤其向往这样的世界，他称之为"大理石纹理的世界"，平坦光滑，一是一二是二，如《圣经·创世纪》里上帝说要有光就有光。

相对于这个光与暗分开的好世界，爱因斯坦受不了的便是那种漫涣的、偶然的、随机的、意义崎岖起伏的烦人真实世界,爱因斯坦称之为"木头纹理的世界"。

然而,文字的世界,修补匠人所居并执业所在之地,基本上便是木头纹理的世界。

修补匠所挑选的堪用材料,既然都是已经使用过的(如人类学者鲍亚士所说的,"好像神话世界被建立起来,只是为了再被拆毁,以便从碎片之中建立起新世界来。"),这拆下来重新使用的木头上面自然会留存着旧有的钉痕、沟槽和其特殊弧度,不可能彻底地加以刨光去除。快被这种符号的意义堆叠及漫射逼疯掉的罗兰·巴特曾作过如此英勇但脑筋稍嫌不足的尝试,意图找寻某种纯净的、"不受污染"的书写材料,但我们从头到尾晓得,修补匠的箱子里并不存在这样的东西。

相较于气急败坏、放眼四望世界图像已变得恐怖无比的罗兰·巴特(巴特说:"我站在那儿,面对着大海;当然,大海本身并不负载任何讯息,沙滩上呢,却是存在着那么多的记号学材料!旗帜、标语、广告牌、衣服,甚至日晒赤褐的皮肤,对我来说都是讯息。"),两眼无法视物、但心思清明的博尔赫斯就讲得非常好,他说并没有完美字典的存在,人间绝不曾也不可能有这么一部收有一切所需文字的超级大字典，以一对一对应着我们现实世界的一切可能事物，但凡我们的情感，我们所不断翻新的概念和造物，以及我们一闪而逝的心思念头，都很方便能在这本字典之中查到并快快乐乐表述出来——不，没这等好事，如果一定要说有这样一部字典存在，它也只可能存留在渴望表述，渴望把新发现更完整、更精确告诉他人的热忱人心之中，但它永远不可能编纂修订完成，因为它在现实世界所能搜集到手并保有的总只是数量有限的文字。

满满是烦人钉痕、沟槽以及原有弧度形状的老文字，换个职业换个心思看，不一定是全然的坏事一桩，这些"带枪投靠"的文字成为一种已知，赋予了某种特别的对话开启可能以及启示。我记得清末民初的金石书画奇人齐白石愈到晚年愈不挑拣篆刻的石头，甚至以使用劣石为乐，石头中饱含的杂质沙粒在下刀时自然崩落，形成某种不待技艺操控或甚至说根本不是技艺操控所及的天成蚀刻美学效果，通过这些在自然时间中总容易因风因雨因冷热胀缩因流光冲刷而整块掉落的杂质沙粒，金石家的雕刀于是有机会幻化成大自然通过亿万年岁雕蚀天地山川的神工鬼斧。这是一种时间的召唤和时间的凝结，一种时间的奇异招魂术，或就是卡尔维诺的用语："一种时间操弄的魔法"。

也就是说，这老文字上的每一处钉痕、每一条沟槽、每一分弧度，都记忆了这老文字的悠悠不灭经历，它可能陪过屈原寻访找最终的答案而形容枯槁但沾一身香气，也可能坐过庄子翼若垂天之云大鹏之背扶摇直上九天，和司马迁并肩看过并嗟叹繁华落尽江山无常，和曹操一起横过槊，和李白一起醉过酒，和杜甫一道挨过刮风漏雨的漫漫长夜和饥肠辘辘，或甚至被刚强正直的颜真卿或柔美如兰花叶片的赵孟頫给或淋漓或端正书于白纸之上……这些记忆彼此拉扯跳跃，自动形成一种意义的光晕，在你今天奋力寻求精确的核心意义同时，老文字如管仲口中的老马一样自己找到出路，或如杰克·伦敦笔下的大狼一样召唤声息相通的同类——这个不待你发动的效应，是文字使用中"看不见的手"，如亚当·斯密在经济世界中精妙绝伦的发现，老文字，一样有类似的动人效应。

每个字，本身就是一个意义的"群"，一个蓄积典故穿梭时空的机器，这是在它不断的重复使用之中，尤其是不断通过转注的延展和假借的跳跃所得着的、所自然生长出来的，这带来了更丰腴更多面向层次的隐喻力量，而你通常要做的，只是选中对的文字，其他更多的事它会自己完成，让你比方说写成一叶，自然秋意满林薄。

我们这就来看看这个"叶(葉)"字吧。我刻意地查了一下,蓦然发现甲骨文并没留下这个字(但我仍直觉地相信,这字必定早早已被造出来),但在金文的时代,字形仍保留得很鲜活,想象得出原初之模样:🌿,或者,🌿。不是表现叶脉为视觉焦点的单片叶子,而是一整株枝丫舒展开来的大树,顶端那儿生长着接收阳光热能行光合作用,以供应这棵树生长所需营养的叶片。

《辞源》里,叶字的最主要解释当然就是这个,称之为"植物的营养器官之一"(我们再熟悉不过的事物,一经这样正经八百的解释,总很陌生很滑稽,这是一种倒过来的、以未知来说明已知的有趣解释方式),除此而外,叶还是"花瓣",是"书册中的一页",是"时期"(如大唐中叶),是"轻小之物"(如苏轼的"驾一叶之扁舟,举匏樽以相属",或如小说家张大春在京都旅途中送我的一首七言绝句的末两句:"买得轻舟小如叶,半容人坐半容花。"),还有,叶破音为"shè",是春秋时楚国的大邑,以及姓氏。

从这些漫射伸延的意义,这个字导引我们走去的,便不

转注·假借·不再创造的新文字

仅仅是秋天而已,我们还会想到时间和历史的记录书写,想到小舟任江湖的无羁自由,一种回到本源的亘古乡愁,以及某种化作春泥更护花的大自然柔婉生死循环。宋代赵蕃的白发诗有这么两句:"叶落归根莫漫悲,春风解发次年枝。"诗虽然很不怎样,但差不多就是这个意思。

6 找寻甲骨文里的第一枚时钟

我们腕上的手表或墙上的钟，三百六十度的完整圆盘分割成十二等分，是设计师显身手的地方，典雅点用罗马数字，现代点用单纯的光点，至于那些削凯子的，尤其是卖给兄弟或收规费的警察的，则镶上钻石好表示身份，但最原先还是阿拉伯数字的 1 到 12。

我们说过，甲骨文中的会意字是我个人所知人类最美丽的文字符号，比起古埃及尚未拼音化之前的漂亮象形字，还多了面对抽象性事物和概念的某种知性之美，某种富想象力的惊异，我于是想做一件疯狂的事——我有没有机会找出甲骨文中丈量时间的会意字，最好有十二个，来完成一具商代的甲骨钟呢？

先说结果，这个尝试显然是失败的，除了人力不可抗拒的文字湮灭流失之难题而外，其实失败得非常有道理。不是说彼时的人没时间感，不需要丈量时间来规划自己的作息，而是说时间的丈量方式，最初（最初是指体系性建构的天文学到来之前）总是素朴地随生活的实际律动，因此，我们一天分割成两次十二小时、一小时六十分，一分六十秒的方式，不见得是他们需要的。

天不从人愿，我还是觉得非常可惜，原来还以为会找出钟表史上最美丽的符号及设计，甚至申请专利，卖给欧米茄、浪琴这些大公司赚一大笔钱。

上头那一排字，头尾的"旦""莫（暮）"二字我们已看过了，问号悬空的部分先搁着，于是，我们还不知道的便只剩两个。其中 ![]是"昃"字，我们今天已不常见它了，但甲骨文里我们看其长相却意思非常清楚，它是太阳开始偏西，把人影给斜照拉长的样子；至于 ![]则是"昏"字，太阳和人的相对位置就更低了，已降至人脚下，它们要传达给我们的讯息，"明明白白写在脸上"，就是图画中的样子——对很长一段时间的人类而言，只要好天气，这是人们每天都会经历、一看就懂的景象，像我个人，马上就想起小学放学后背着大书包踩自己长长的影子走回家那副情景，而且这才第一

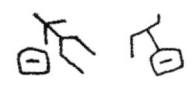

次想到，如此想起来，原来我念了六年的宜兰力行小学在我家的偏西边。

这些字都有会意字的真实太阳符号存在（不同于形声字的日符往往只是概念），而且都以具象的图画坚定地表述时间，这样来看，这些字就更漂亮了。

最先看到太阳

日出而作，日入而息，在我们尚未开发出大量的太阳替代用品（钟表、暖炉暖气、热水器、烘干机……）之前，太阳和人的关系亲密多了，也好太多了，不像今天，尽管理智上我们更心知肚明太阳对我们的重要性，包括人类几乎一切热能的来源不管取自石油、电力、荤素食物等等，其实都直接来自太阳或间接由太阳长期储存在地球的某个角落里，但不想那么多时，太阳愈来愈变成个讨厌的东西，它（你看，我们已习惯用一点尊敬意味也没有的"它"来代称）会晒得你很热，会令你变黑得花很多钱很多时间美白回来，还听说会致癌的紫外线不留情扫射你。

但曾经，它是大电力公司、大食品供应商、大家电业者的众多生活资源提供人，它还扮演伟大的智者哲人，启动人的思维，或干脆就是个神，光明、智慧和创造不息的神。

让我们假设自己是彼时的初民，我们睁开双眼，我们看到的会是什么呢？

我想，大概用不着太费神找信而有征的证据证明，对早期的人类而言，太阳不仅非常非常重要，而且一定是排行在前，率先被人们察觉、思索乃至于开始敬畏起来（是卡尔维诺还是本雅明所说的人埋在同一事物里想久了，总会出现神秘主义的倾向）的巨大存在——它高悬头顶，又亮又热，而且每天跟你相处，恒定得很，偏偏它又不稍停歇地动着，而且不像云朵那样暴乱随兴，非常规律有耐心，一定有着某种不挠的意志和目的，而且它还每天躲起来一半的时间，不晓得哪里去了，而它不在时不仅我们行动为之瘫痪，而且天地漆黑，世界变得多么可怖；然后人们想必也很快察觉出来，它好像和我们的生存（包括我们赖以生存的动植物之存活）有着愈想愈严重的牵连；我们可以用火去想象附会它，但为什么它却又不像我们的火那样不成形体形状而且短暂？它凭什么永不熄灭？哪天真熄灭了会出什么事？……

举目可及,却深邃难言;光朗明白,却又神秘异常,绝对是人开始想东想西的绝好材料,这里,族繁真的难以备载,我们建议大家可去考察每一个初民部落的宗教信仰,应该是全无例外才对,太阳在每一个地方都是神,而且就算不是统治一切的主神(如埃及如日本),人气排名也摔不出三名之外(如希腊的阿波罗)。

这里,我们暂时只取它天行健自强不息这部分特质。太阳恒定、规律、可察觉的移动方式,让人可据此安排生活作息,这也顺理成章让它因此成为人类的第一枚时钟。

失败之道

我们知道,时间不是具象可见之物,甚至不知道该说它是否真的存在,它毋宁更接近我们对于事物变化的速度和频率的某种知觉,必须整理出一组稳定可丈量的秩序,它才从变动不居的万事万物中显像出来,像阿拉丁故事里禁锢于神灯中的巨人精灵一般,驯服为我们所用。

但在眼前万事万物包括自己的器官身体毛发,各自以或彰或隐、或稳定或暴烈的不同频率不同速度奔赴向前的众声喧哗之中,彼时只仰仗肉眼辨识的人们,当然不可能也没必要一下子就找出诸如石英振动频率之类的来作为时间整理的依据。太阳会是其中最方便看出变化及稳定节奏的第一选择,其次则是同样稳定变化且滔滔不息的流水。但太阳很明显比流水多了两大优势,一是它的变化方便丈量,比方说我们可通过它和人相对位置变化乃至于日影长短来测得;另一则是它同时扮演天地照明之灯的特质,使它的变化和人的素朴日常作息同步,不像"逝者如斯不舍昼夜""你不可能伸脚入同一条河流两次"的悠悠流水,虽说流水的基本造型毋宁更接近我们对时间的形态感受,但流水召唤起来的是另一种哲学的、生命本体的时间感,而不是可丈量,让人在家居生活工作中一回头就知道今夕何夕的时间刻度。

然而如此说来,我们找寻甲骨文时钟的英勇行动也就未免太伤感情了点,图像残缺不成规律不说,尤其从日出东方的"旦"一口气就跳到日影已然偏斜的午后,光阴白驹过隙,这隙缝也未免太窟窿了一点不是。

因此,我们才主观武断地在其中加入两个问号,把位置先给保留了下来。我猜,很多人的第一感想可能跟我一样,想到"旦"字后头应该填入个"晨"字,不是又有日符、时间的标示又正正好对吗?——不,很令人懊恼的是,甲骨文中的确有"晨",但问题它长成这个样子,⿰,上方是双手的符号，下头的 ☒（即辰字）则是蚌壳类动物，大概意思是很朱子家训式地要你手持蚌刀（初民的简陋耕具），一大清早就下田耕作之类的来代表清晨时光，因此，这里头完全没移动投影的太阳，那是双手万能的符号在文字变化长路之中错误转变而成的（这在文字史上极常见）。

懊恼可以，但惭愧则大可不必，因为就连千年以来被中国人视为文字学不动教科书《说文解字》的原作者许慎都一样在同时间同地点栽了跟头。许慎找了个篆字，昂，并洋洋训以高悬人头顶的解释，完全不管指称的时间根本不对。纯就字形来说，许慎这个字，一副天地之大只剩一日一人当头对决的燠热景象，如果甲骨文能有这个字那就更好了，我们可以直接拿来塞入预留给正午的那个空缺之中，并由此推断它就是"午"字原形。

某种意义而言，许慎的诸多错误是值得同情的，最致命之处在于他没见过甲骨文，所能依据的文字是稍后的篆字，而篆字线条的独立美学化，很多字已和原初的实像有了相当程度的脱离，往往倒过头来成为解释的陷阱，这提醒我们在参考《说文解字》时非得审慎小心不可。

《说文解字》最具代表性的错误是"武"字,这是许慎直接袭自《左传》的被骗实例。相传春秋时南方楚地如日升般崛起的年轻雄主楚庄王曾根据此字作过一场辞义兼美的洋洋洒洒演绎,以为"武"字正是由杀人的"戈"和高贵的心理克制"止"所合成,从而相信"武"的真正精髓是"禁暴""戢兵""保大""定功""安民""和众""丰财"云云,一句话,也就是"武"的最高境界就是"不武"这类如今大家都会的文字禅理。许慎照单全收如此解释,这就是"止戈为武"之所由来。

但你若看到甲骨文的"武"字就当下破案了,上头是"戈"没错,"止"字一如我们已经知道的,是个脚印,代表"步伐""移动",因此,这字可能是某种军事性舞蹈,也就是相当普世性且不乏一路承传至今那种兼含了祭神、祈福、夸兵、记功和实际操兵演练的所谓战舞,如唐太宗李世民的《秦王破阵乐》,如陕北一带豪放淋漓的腰鼓舞,或如喜欢英式橄榄球的球迷都晓得且巴巴等着看的,当今全球首强新西兰全黑队上阵前,总仪式性地跳一段战舞鼓舞士气并威吓敌手(通常是南非羚羊队或澳洲袋鼠军),这是他们学自土著毛利人的传统战舞。

也就是说，这个没那么哲学沉思意味反倒手舞之足蹈之的"武"字，毋宁更倾向于声音相系的"舞"字，差别只在于道具不相同，甲骨文的"舞"字原是 ，是舞者双手持着饰有流苏一类的鞭状之物，这就是今天已被假借而去的"无（無）"字，因此才又加上舞步图解说明的脚印符号以示区分，而成为"舞"。

"武"字的另一可能解释没这么锣鼓喧天，而是小心戒备（戒，两手持戈 状）的"行军"或"巡逻"之意，这我们可从它另一个添加了道路符号的甲骨造型看出来， 。

当许慎和后来千年以降的中国人只能用篆字危哉险哉解释文字的同时，这些一翻两瞪眼的甲骨文在哪里呢？答案有两处，一是还活生生埋在地底深处，另一是硬生生被另外一些中国人吃进肚子里——极长一段时日，甲骨文的唯一功能据说是有效的刀创药，磨成粉来用的，这既不夸张也不稀罕，很多考古学的重要物证都曾有类似的贡献，像扬子鳄或恐龙化石的所谓"龙骨"也曾经是乡间医生的好药材，大概有补充钙质防止骨质疏松的效果。一直要迟至一八九九年，金石学家王懿荣生病，不意在他的药材中发现刻有文字的残骨，凭他的职业敏感惊觉到事情不对，甲骨文才由医学院转学到文学院。

回过头来。

代表正中午，日头当空没有投影的"午"字，甲骨文简单画成╎或╏，学者解释这是立杵之象，由此转为日正当中之意，但一来意义转折暧昧，再来没有我们钟表设计所需要的具象美学效果，碍难考虑。

其实我个人最想放进来的却是完全不相干的字，也就是"众"字，这个字本来是不需要有太阳的，因为两人为"从"三人为"众"（但两人若呈 状则是变化的"化"字，一个最马戏团杂技的字），纯粹就意义的功能表达已经完足了。事实上，就夜间不好活动的商代社会来说，这不用说也一定发生在白天，否则它就可能会被误解为另一个恐怖吓人的意思，因为太像已故港星、专演抓鬼道士"九叔"的林正英电影里那种夜间赶路的两手平伸"跳动"画面了。

谁为"众"字画蛇添足地加了一个大日头于顶上呢？这人一定是个艺术家。日头没功能意义，却为这个抽象的表述带来可感的温度和色泽，让三人为众有了一派热闹熙攘乃至于挥汗燠热的蒸腾气象，如同春秋时晏婴出使楚国时历历如绘的齐都临淄城市街景象（临淄城的遗址早已挖掘出来了，其规模大小和配备果然和晏子所夸称的相去不远）。

陶罐上最耗心力时间的那些美丽花纹有什么用呢？青铜器上最困难因此最容易铸造失败的那些装饰配件又有什么用处？这是艺术工作者的胜利，却也是艺术工作者的亘古脆弱和悲哀。它们都这么华丽而且重要，好像没这些，器皿本身也就不成立了，但同时却又完全没用完全不相干。我们若像个威权者以民粹反智的方式来穷问到底的话，是的，就够了，那个漂亮的头顶太阳总是可省略的。

此外，还有一个字也不错，，图像中乍看是个人和他的倒影，但很遗憾底下的可能不是人影，而是一棵大树顶端展开的枝丫，这个字是"乘"，原是人迎风站在树上耍帅的样子。

谁需要什么样的时间刻度？

悬空的字依然悬空在那里，我们一开头就讲过，这可能是技术问题，我们想望的那几个字仍等在地底或绝望消化在某人肚子里；更可能是本质问题，商代的初民并不打算完整地造出这枚钟表，他们并不真需要如此绵密有秩序的时间刻度。

需不需要，直接和彼时的生活作息节奏有关，而这个所谓的生活作息节奏，我们又可以从所从事的工作（不见得只是纯经济性的劳动）的不同窥见出端倪来。比方说，物理学者如今所需的时间刻度可能是最精微的，分子原子乃至于众多更小粒子的反应、观测和控制时间动不动得用到百万分之秒一类的；田径或球类选手计较小数点以下两位左右的秒数，计程车司机的神经和马表二到四分钟（地区有别）抽动一次；学校老师和学生以小时为基本分割；上班族一般麻痹成半天型的早中下午；罪犯、凶手、律师和法官以月起跳，然后以一年三年七年十年十五年二十年乃至无期徒刑的一整个人生为计算单位和范畴；宗教的神父牧师法师僧侣智者倾向用一次一次人生来思考和清算（但他们要求的捐款单位愈来愈倾向以"亿"为单位）；考古学者几十几百万年；地质学者上亿；最长时间刻度的使用者绕一大圈又转回物理学者，搞天文物理的学者，他们是 million、billion 的所谓"亿万又亿万"（著名科学作家卡尔·萨根著作中文译名，好书），不如此无法窥探宇宙的生成和末日；至于诗人不在此内，他们只是时间的迷失者，他们不太懂怎么使用刻度丈量时间，只笼统地反复使用诸如"亘古""永恒"之类的无能泛称，把时间再次还给流变不息的万物。

彼时犹在造字的人们通常从事些什么？

采集。（采，🌿，用手采摘植物的可食可用果实和根茎。）

渔猎。（渔，🐟，以钓竿钓鱼。）

畜牧。（牧，🐑，持杖放牧牛羊。）

农耕。（农，🌱，在林边林中隙地，以原始蚌刀开辟整理耕地。）

我们得说，这些都是艰辛的事耗时的事劳动成果菲薄乃至可疑难以控制的事，但都不是忙碌不可开交，乃至于需要抢时间分秒的事。

我自己三十年以前在宜兰县五结乡孝威村过过农村的生活。我知道，农人是辛苦（尤其是种稻的水田除草），但辛苦并不等于忙碌，事实上，种田的生活节奏，系根据植物的生长速度和变化来安排，急不得，更不能揠苗助长，因此，你需要的更多毋宁是耐心和等待。

一般而言,所谓的农忙就集中在一季稻中的两三次三到五天时间,特别是从草绿如地毯的秧田把密密长起来的稻秧移到正式的水田去,这就是插秧,不能拖的,否则会彼此妨碍生长;然后是收成时动员全体甚至得雇人一天五餐饭地抢割,否则雨水一来就有发芽不可食的麻烦。

其余的漫漫时日,你就只能摸摸弄弄,养养鸡鸭和猪,打打小孩,忧心雨水并看着太阳不疾不徐地移动,太阳下山后,那更是什么事也都没得做,要不就坐谷场讲讲鬼故事或村里其他人家长短(农村生活很难有隐私),要不早早上床睡觉了事——农家一般的确是黎明即起没错,但人若晚上七八点就睡,第二天四五点起床,怎么扳手指头算都还是足足八小时只多不少。

说来台湾还是种两季稻的地方,不像华北基本上一年一收,而且水田生长的所谓水稻又远比旱地的麦子高粱要费事折腾人,此外,台湾的冬天日头较长又不冰不霜,不像偏北四季就是四季的大陆型气候,草木说停止生长就停止生长,冰雪漫天盖地,你只有好生等待来春雷响叫醒万物复生。

这样的生活方式基本上是用不着精密时间刻度的,就像我孝威村外婆家只一枚老钟毋宁"跟上时代"的夸耀成分远大于实用,很难算清说清你的工作时数究竟多少。事实上,除了睡觉,就连工作和休闲都不好分割,比方说和我表哥到堤防外兰阳浊水溪钓鱼摸虾一下午究竟是游手好闲还是辅助性劳动以增加晚餐桌上菜肴?人就是这样浸泡在不分割的时间中,在不分割的劳动和休闲之中,这里,有充分的余裕生养出故事、传说、歌谣和各式手工技艺来,如本雅明所说的人类说故事传统技艺的两大根源之一(另一是伴随行商从天涯地角背回的商品而来)。

畜牧的故事

如果说,农耕的劳动节奏根据的是植物的生长速度和变化,那畜牧的劳动节奏显然根据的是动物的生长速度和变化——那更是不需要急,也急不来的。

甲骨文的时代,人们养些什么呢?牛和羊是最温驯的,采取放牧,因此"牧"的字形又作 ,赶的换成羊;又作 或 ,加上道路符号以标示公共空间,让它们吃野生的青草，等天黑再收工回家拴好，图像于是变成了 ▯ 或 ▯，这两个字都是"牢"。

马的野性强，▯，长脸，聪明的大眼睛加猎猎飞扬的鬃毛，始终介于驯服和不驯服之间，不是寻常人家所能操控管理的，属于专门专职性的特殊畜养和训练，不纳入彼时自然经济体制的家常畜牧之中，毋宁更倾向归属于和国家部族有关的军事工业。这样的情况延长相当久远一段时日，秦汉隋唐地一路贯穿下来，因此，中国古来对危险事物的描述，经常取用驭马的类比，而善于养马驭马的人或氏族如造父，也就成为有特殊历史地位和声名的重要人士和氏族。

甲骨文中养马的字是 ▯，这个字独立成为"厩（廄）"，而不一般性地并为"牢"，显然是清楚意识到豢养的人事时地和牛羊有本质上的差异，这是非常有意思的记录。

比较一波三折的是猪，▯（豕，原来的"猪"字），这原来是勇猛狂暴的动物，像台湾地区和日本小岛之上，野猪都是初民敬畏的对象，日本的战国武士甚至"立志做一头猪"，头盔甲胄都要取野猪为象征，当然不是自谦好吃懒做肥胖肮脏，而是如宫崎骏动画《幽灵公主》里那种不畏死的战斗精神。因此，猪的相关甲骨文显示它最早是狩猎的对象，像今天的"彘"字，楷书字形中还忠实保留了"矢"字，致死的弹头还好好保留在尸体之中，原来摹写成 ，一箭贯穿猪体，这字我们本岛的老阿美人大概一看就懂，并油然忆起往日时光，会掉眼泪的。

猪的驯养，关键可能就在这个有趣的甲骨字， ，这是"豕"字，这是一头横遭去势的太监之猪，生殖器和本体已然分割完成，不再发情，没力比多支撑的勇悍斗士遂像泄了气的气球般，变成——呃，变成跟猪一样。

这个大自然界最弗洛伊德的动物，从此就成了家居型生物，不抵抗，自暴自弃地猛吃发胖， ，家，我们最温暖的地方，离乡游子怀念落泪的对象，猪于是快快乐乐地在此落地生根下来。

至于犬， ，是忠心耿耿且自己懂得打理自己的动物，据动物学者的研究（如劳伦兹博士的《当人遇见狗》），和人的结交相处时间最长，生活融入最深，虽说偶尔也得牺牲供应肉食，但基本上它是朋友、雇工和经济性生财工具，可帮忙畜牧和田猎。因此，甲骨文中的"兽（獸）"字是 ，还不是概念性的四足动物通称，而是狩猎工具展示图，包括一枚田网和一头好猎犬，由此会意出狩猎之意。（󰀀字另一个解释很有趣，丫是人类最早取用的丫形树杈武器，然后在树杈两端绑上锋利的石片以增加杀伤力，则成为󰀀，这还不够，后来又在柄身捆上石块，以为捶击之用，才成为󰀀。）

还有美丽的鹿，󰀀，还优游在野地田间，会成群来偷吃庄稼，尤其在时局不好、田圃乏人管理的逃难时刻，这就是"麋鹿生于郊"的乱世图像。然而，鹿是初民恨之牙痒痒的动物，却也是远远看去最美丽的动物，尤其是那对大叉角，因此，"丽（麗）"字的甲骨文以鹿为模特儿，󰀀，强调的便是这对得天独厚的大鹿角。

我们总结一下：鹿在田野，想照料不可得；狗是玩伴兼工作同仁，不用照料；马是特殊对象，一般照应不起；牛羊驯服，管理容易，如《说苑》书中杨朱所言，三尺童子一竿在手，上百牛羊要东往东要西往西，毫无困难；只有猪比较费事，因为太好吃了，还好它并不挑食。

狩猎的故事

狩猎和采集一般配合着进行，只因为不如此很难单独养活人，如我们前面引述列维-斯特劳斯《忧郁的热带》书中印第安人男打猎女采集的悲伤画面。

大自然之中，如果你偶尔也看 Discovery 或《国家地理》杂志频道有关非洲狮群和猎豹的猎食求生影片就都知道，这些肉食性的猎者并不像上天赋予它们尖牙利爪和一身强力肌肉那么神气那么吃香喝辣，相反地，它们几乎是长期性地处于饥饿之中，好不容易打到一只倒霉或身体有病有伤的羚羊暴吃一顿，但由于没冰箱没处理肉类长期保存的技术，只好把吃剩的残骸交由土狼、秃鹰、苍蝇以及微生物料理（其中，只有美洲狮会将剩下的肉埋到土里，改天再来吃），之后，便又是长达数日的挨饿期。

我们也会注意到，这类的大猫型掠食动物，几乎都是暴冲式的短跑健将（猎豹是地球上陆跑速度的纪录保持者），但都不具备长跑的耐力。这是因为猎食行为的需要，不管是集团性的狮子或单干户的猎豹，它们猎食时需要的是耐心、冷静和等待，缓缓地接近猎物，只有在短暂追捕那片刻时间，才爆发力十足地冲刺开来。

无怪乎，这些大自然最强悍的猎手，看起来总是懒洋洋的，从没忙碌的样子，老实说，也没什么好忙碌的——一种悠闲又挨饿的合成影像。

人在自然界中，作为一个猎食者，他的位阶本来不高，但随着猎食工具的发明和不断改良，他急剧地上升到再无物可威胁的高处，从甲骨文中，我们大致可看出并相信，彼时的人们已经有能力对付并制伏任何强大的兽类了。我们先来看两个其实和狩猎无关的字。

首先是"戏（戲）"字，今天我们大体上划归小儿领域的"戏"字，其实最原初记录的是一样危险刺激的死亡游戏：，其中，那头身上有斑斓花纹又张血盆大口的，就是华北的兽王老"虎"，老虎所面对的则是作为武器的"戈"，人持戈在围场内斗虎为戏，商代人所玩的正是日后罗马人在竞技场迫害早期基督徒的游戏（老虎换成狮子）；还有更狠的，，看出来是徒手搏虎，这个字是"虢"，后来只留在氏族名号之中，一方面大概如此暴虎冯河之事没人做了，另一方面大概也彰明这个氏族曾有祖先能徒手搏虎，比喝醉酒被迫上阵的大宋打虎英雄行者武松早了两千年。

有关狩猎工具，我们已看过用钓竿钓鱼，还有田网和猎犬，还有什么呢？

鱼类当然还能撒网一家伙打尽，"渔"字的另一造型正是这样，🐟。

兽类基本上如射野猪所显示的，投掷器是弓，🏹，弹药有两种，一是"矢"，｜，另一则是"弹"，⟨⟩。此外，设陷也是一法，"阱"字的甲骨文是🦌，画一只大眼大角的鹿掉落陷阱的悲惨（或欢乐，端看你站哪边）图像。

鸟类的捕捉方式，甲骨文可就详细了，最原始用徒手来抓，🐦，这是"只（隻）"，"获（獲）"字的原形，转注成计算单位；也可以用系了绳索方便回收的箭矢来射，🏹；用网也行，🕸，画一个张手向着鸟儿撒网的猎人；还有一个大概是类似屏东恒春那儿抓黑嘴伯劳烤了卖的"鸟仔踏"死亡陷阱，图形是🪤——用箭、用网和用鸟仔踏这三个捕鸟的字，我们不晓得怎么念，也找不到由此演绎出来的字（也有可能"抓法有异，结果相同"地全并入到"只"字里头），但意思我们却是完全明白的。

找寻甲骨文里的第一枚时钟　　145

只是，打遍天下无敌手只代表鸟兽虫鱼怕你，并不就代表你能有效率且大量地捕获，事实上，爬上猎食链最高阶的人们，并未能挣脱类似狮子猎豹的食物供应不稳定处境，并更受到季节、天候、地形等等不可控制自然因素的影响。因此，我们所说"三天打鱼，两天晒网"的笑人懒惰、缺乏恒心毅力的俗谚，其实更接近猎人生活的无偏见描述。

打猎，的确有某种武勇的、落拓的、自由不羁的境界非常诱人，但境界要靠时时饿肚皮来支撑想想还是挺不智的（你在比方说契诃夫小说中看过哪个猎户是过好生活不狼狈的，或应该讲，就只有那些衣食无忧的王公贵族地主富豪才打得起猎），也因此，这种生活方式要由畜牧和农耕来替代——这代表人们对更稳定食物供应的寻求，也代表人们走向一种更忙碌的生活方式，或说更有事可忙并乐于有事可忙的生活方式。

什么样的有闲与创造

后来的人们普遍相信，人的发明创造起自于劳动，某种集体协力的、声歌相和的、又悲苦又欢乐的忙碌劳动（如拉纤），这当然是窄化到直接可称之为错误的讲法。这上头，他们的永恒导师卡尔·马克思比他们睿智，也远比他们勇敢正直，马克思以为发明创造的真正根源是闲暇，而不是无厘头地把所有最光荣但不能当饭吃的桂冠全堆到劳苦大众头上。

但马克思的"有闲创造说"大体上的参考架构是古希腊式的，如伯奈特以奥林匹克运动会（希腊当时的，不是今天全世界四年一次这种）为喻所说的，"最低等是场边贩卖的小贩，中等的是场中竞技的运动员，最高等的是闲坐观赏、无所事事的人"。——马克思以为，在生产力犹低落的古时，是社会广大底层的人负担了社会整体的生计（当然不是自愿的，没什么人那么笨），从而有机会让一小部分人的时间心力解放出来，可以悠闲地看星空，研究鸟兽虫鱼和芸芸众生的不急之事。就像彼时的雅典，劳动之事主要丢给受苦的广大外族奴隶，于是像泰勒斯这样四体不勤的人便可以整天抬头对着天空冥思，还不小心一脚踩入井里头，被一旁来自色雷斯的女佣所窃笑。

但如此的希腊模式还是简易了些，更不见得能线性回溯到更从前，回溯到新石器时代人类更全面更辉煌的发明创造时日。

真正让人类忙起来的关键，极可能是很后来交换经济社会的产生和确立，劳动的成果可化为商品形式出去，并转变成货币不朽不坏（不是真的不朽不坏，如《圣经》所言的"盗贼偷窃、蛾子朽坏"，或如经济学家的通货膨胀分析）储存下来，这样，劳动本身遂不再受限于生产的生物性满足，可多多益善，几乎是永无止境地进行下去，有止境的反倒是人肉体和精神的承受极限，这就是忙碌，"事情没做完一天"的忙碌。

人的忙碌，尤其在工业革命后机器决定劳动节奏的时刻正式到达巅峰，人可以悲惨地一天工作达十八小时甚至以上。马克思和一干可敬的社会主义前辈所立身、所亲眼目睹的便是这样的社会，他们由如此的骇人景象察觉出很多历史真相，但当然也受限于如此强烈的真实经验，多少对于更古更落后生产力更低下的人类社会有着线性回溯的错误印象（古代的奴隶，如此推论下来，可能一天得工作三十小时以上？）。

大造字时代大体上仍活于自然经济底下的人们，他们的悲苦不来自忙碌，相反地，他们的悲苦往往还是因为无事可忙，因为他们的劳动生产受着太多无力克服的自然因素所层层限制（如天光、气候、季节、植物动物生长条件和速度、地形地物云云），就像契诃夫到俄国流放苦役犯的库页岛考察的《萨哈林旅行记》中所描述的，当地严寒的天候和贫瘠的土壤令人们无计可施，往往只能仰靠俄国政府饿不死饱不了的口粮苟活，他们在生存线上下挣扎，但绝望的是，他们同时完全无事可做。

也就是说，闲暇并不总和富裕、衣食无虑共生，它也和饥饿穷困共生，凡·高如此，本雅明如此，马克思本人更是如此，我想，大造字时代那些伟大的无名发明者大概多少都如此。

全新表面

至此，我们也有我们无事可做的绝望——甲骨文的时代没我们想望的那枚钟，他们不需要如此神经质时时提醒自己时光流逝不等人，如《爱丽丝漫游奇境》中那只时时看表、总怕赶不上什么的兔子，没什么事不能等明天再做，包括吃饭。

山不转我们人就识时务直接转了，这里，我们偷个更长的时间刻度来装饰我们的钟面表面，有点勉强，但还是漂亮非常——那就是"春""夏""秋""冬"，四季的命名文字，我们可安放在3、6、9、12的位置。

"春"，基本上是形声字，树木的意象分类加"屯"字的声音，却漂亮得不像形声字，🌱。只因为"屯"（🌱）字本身就是草木萌生穿土而出的美好摹写，因此组合起来，反而正好是森林之中一根颤巍巍新芽伸向风中的动人景象（像宫崎骏《风之谷》的最后一个镜头），有时，还加上太阳照进来的一束光柱，有更好的打光效果，🌱。

"夏"字没甲骨文，我们只能偷个周代金文来用（正因为甲骨文没此字，才让民国初年的疑古学者以为抓到把柄，悍然断言夏朝是虚构的朝代）：🌱。这个篆字较费解，但我以为许进雄先生的解读最为漂亮，他猜测这是个祈雨的巫者，脚下的脚步符号，记载了干旱夏日一场虔诚的祭神之舞。

"秋"字一直到小篆之后才简化成今天火烧禾叶的样子，🌱，这是我个人记忆中最好闻的味道，也是我个人以为台湾这个四季不分明的岛屿上最秋天的味道。但甲骨文的原形，纯就美学来说，无疑更漂亮，🌱，上头是一只吃庄稼的蝗虫，下头是火，这极可能是作物成熟季节以火驱赶蝗虫的记忆，很有重量感和生活质感的一个记忆。

"冬"字造型很简单，🌱，有说是草木凋零不垂的样子，也有说就是结冰的图示（金文"冰"字作 🌱），无论如何都是冬日万物停止生长，大家再无事可做，只能整理整理今年并瞻望下一个年头的冷冷时日。

从这四个字来看春夏秋冬，便不再是透明的抽象时间刻度了，倒像印象派后期画开始出现庶民生活的四幅画，我相信，这会是个很好的表面。

7 最本雅明的字

每隔一阵子，就会有某报某版面或某杂志当世纪性伟大专题策划来问你一个无聊问题：如果你流落荒岛（或甚至世界末日），而你只能携带一本书，那你会带哪一本？

我当然晓得他们要问的，无非只是你最钟爱的、最愿意长相左右的那本书的名字而已，但这种装模作态的问法不知怎的总让人生气，或至少没什么好声气，都流落荒岛了都世界末日了，人倒霉绝望一至于斯，还乔张做致带本书干吗？有这个余裕多带点罐头什么不好吗？甚至带点氰酸钾还可能实用些，我没吃过，但据说瞬间致命并不痛苦，而且死后两颊红润并不太难看，嘴巴还留有苦杏仁的味道。

好吧，如果注定流落荒岛或明天就世界末日，你只能带一个甲骨字,那你会带哪一个?我想我会带走上面那个乍看起来怪怪的字——一个大眼睛,置放于行道通衢的十字路口,东张西望,一个漫步的字,一个游手好闲者的字,一个最本雅明的字。

此地有这么个人,他在首都聚敛每日的垃圾,任何被这个大城市扔掉、丢失,被它鄙弃,被它踩在脚下碾碎的东西,他都分门别类收集起来。他仔细审查纵欲的编年史,挥霍的日积月累。他把东西分类挑拣出来,加以精明的取舍;他聚敛着,像个守财奴看护他的财宝,这些垃圾将在工业女神的上下颚间成形为有用之物或令人欣喜的东西。

一个文人与他生活的社会之间的同化作用就随一种时尚发生在街头。在街头,他必须使自己准备好应付下一个突然事件,下一句俏皮话或下一个传闻。在这里,他展开了他与同事及城市人之间的全部联系网,他依赖他们的成果就好像妓女依赖乔装打扮。在街头,他把时间用来在众人面前显示其闲暇懒散,这是他工作的一部分。他的行为像是告诉人们,他已在马克思那儿懂得了商品价值是由生产它所需的社会必要劳动时间决定的。在众人面前延长闲暇时间对于认识他自己的劳动是必须的，这使它的价值变得大得简直让人难以捉摸。

这两段漂亮非凡的话，前面是波德莱尔讲的，他是本雅明最钟爱的、并赖以展开他著名"资本主义／城市／游手好闲者"论述的诗人；后面则当然出自于本雅明本人之口，今天很多喜欢他的人照眼就看得出来，历史上没哪个人曾用这种方式去理解马克思，把马克思的严正"劳动价值论"拿来这样子使用。

本雅明是谁？对我个人而言，他是整个二十世纪人类最敏锐最神秘最自由的心灵，他不写诗不写小说不从事专业的哲学、历史学术著述，因此他不是诗人小说家或哲学家历史学者，本雅明超越了这些，或者说他流体性地穿透了智识所有这些分工和自觉，某种意义来说，他是人类最后一个完整的心灵，一个心智世界的游手好闲者，一个，我们用他自己的话来讲，文人。也正正是因为他的不可归类，人类现实社会的运作机制很难登录他承认他，使得他"或多或少处在一种反抗社会的低贱地位上，并或多或少过着一种朝不保夕的生活"。

本雅明同时也是我个人最心痛、最可惜的一个心灵（排名次于他的是，因肺病四十四岁就死去的旧俄伟大小说家契诃夫，然后才是凡·高，凡·高多少是"烧完"才举枪自尽的），他的左翼兼犹太人身份，使他在二次大战期间受尽盖世太保的追捕迫害，最终贫病交加，于一九四〇年绝望自杀于法国、西班牙边境，才四十八岁，正是他思想理应最成熟的时刻——光光是为了本雅明，你就足以和战争，尤其是国族种族的疯狂战争，永远划清界限，永远站在它的反侧。

本雅明生前，知道他价值的举世只有布莱希特等寥寥一两人，他的著述文字系以"遗作"的形式留给世人，而且要好几十年下来，人们才一点一滴开始恍然起来，对这个世界的真实进展和人们的处境而言，戏剧性一点来说，本雅明毋宁更像个只存在于远古传说中的先知，他提早把洞见写了下来，封存在白纸黑字之中，等待我们半世纪以后的后知后觉之人。

但本雅明大概不会晓得，三千多年前，中国人也提前造了这样一个游手好闲的字，镌刻在甲骨之上，像预告了他的论述和发现。说真的，我最好奇的是，本雅明要真看到这样一个如在眼前的老汉字时会怎样，他会哈哈大笑吗？他脸上会出现怎样一种表情？

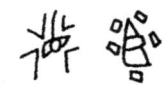

眼花缭乱

这个本雅明的字,很遗憾,后来不该打赢的人打赢了,为它装填了密不通风的乏味意思,这个字就是今天的"德"字,除了用在励志性的命名(人名、店名、公司行号之名)而外,寸步难行。

但看过它最原初长相的人,绝不会同意儒家,尤其是宋代以降的儒家,那种森严伦常式的解释。它明显是徘徊驻足于人来人往的大街之上,自由、闲舒,明显地对眼前这一切充满了童稚般的干净好奇。

这里,我们于是需要再来看另一个字,好清洗一下腐朽的不佳气味,而且,我个人乐于相信,这种可能就是 字的下一步反应、下一个表情。

,仍然是睁大眼睛,四周环以闪烁的光点,是个眼花缭乱的字,也是一个通常只置身于大街之上才出现的字。居家周遭的一切太过熟悉了,熟悉到透明,不可能生出好奇,从而引发不了如斯的反应;乡间田野的风景又太辽远固定了,变化迟缓殊少意外,它让人心倾向于平和,而不是目不暇给的悸动。

这个眼花缭乱的字,今天的正楷写成"嚚",音银,就使用上而言大概已经算是个死去的字了,它最后一次的使用,极可能是形容舜帝的母亲。父顽母嚚,父亲粗鄙无赖,母亲坏嘴搬弄,正是这对了不起的天作之合夫妻,因为宠爱小儿子象,遂持续地迫害孝顺的儿子舜,演出了中国历史上第一宗有名有姓、罪证确凿的家暴案件。但老天有眼动物有情,舜耕田时小至鸟儿大至大象都来帮忙,其中出最大力气犁田的是大象。

中国华北有象吗?那时候有,因为彼时的华北气温比现在高,降雨量比现在丰沛,因此地表景观也远比今天青葱苍翠,就像《诗经》里描绘的那样子,因此,象是可安适生存的,甲骨文留下铁石一般的证据:象,&,长鼻长牙,特征明确;还有犀牛的"兕"或"犀"字(两字同源),&,更清晰强调它那只最终令它倒霉甚至因此在中国绝种的大独角。其中,象由于性情温和又聪明通人,可能还是最早驯服的耕地动物,甲骨文的"为(爲)"字,&便是人手牵着大象长鼻子的画面,用来表示有所作为有此事功的意思。

因此,帝舜的块肉余生故事虽可能只是传说,但其中的经验细节却是有根有据的,至少就大象帮忙耕田这高潮一幕。

好，"囂"字也成了不堪的意思，但我怀疑这是文字转换变易过程之中出了岔子，生出了误解，其过程可能是这样子的：字在线条化为篆字之时，形状上成了，于是原先感官焦点所在的大眼睛隐晦成为"臣"字，倒是本来闪动的光点符号变形成为"口"字（口字符号在甲骨文中通常会刻成形，而不会像光点符号呈菱形矩形，更不会因势翻转，就像我们看过的"占"字，）。于是，原初那个惊喜目眩的好画面消失了，变成四张大嘴巴团团包围的可怖景象，那当然就是舜母"碎碎念"注册商标的绝佳描摹了。

也因为这样，我个人还相信，原本字的下一反应，应该就是今天仍使用中的"嚣（囂）"字，是一个从眼睛的缭乱，再内化为脑子里消化不良的晕眩发展——"嚣"没甲骨字，篆字写成，我们晓得，中间替换的"页（頁）"字，甲骨字为，形态是跪坐的人，夸大其头部，原来就是"头（頭）"字的原形，所以说今天我们和头部有关的一些字，仍忠实保留"頁"的意符，比方说"頭"（发豆声）、"颜（顏）"（发彦声）、或"顾（顧）"（回头，发雇声）云云——因此，

最本雅明的字

"嚣"字应该可重建为甲骨文的 ▨ 形。

感官的位移

问题既然扯开了，我们就顺势解决一下，让本雅明先等着。

感官从眼睛跑到嘴巴，从脑袋跑到嘴巴，这种感官的位移现象，的确在文字发展过程中更无可置疑地存在，我们这就来看两个跑到鼻子去的实例——

首先是"闻（聞）"字，甲骨文仍是夸大局部器官的方式表现：▨，大耳朵的跪坐之人。但今天，除了封存在古诗中如"闻君有两意，故来相决绝"或"闻说双溪春尚好"之外，白话使用的"闻"字差不多已完全跑到鼻子的嗅觉机能领域去了——其实就连"闻"字中的"门（門）"形，也是莫名其妙变化出来的，原先并没有这种躲门边偷窥偷听的三姑六婆暗示。

真正和鼻子、和嗅觉有关的甲骨字，敏感些的人其实很容易察觉出来，都会有"自"的符号存在：自，▨，象形的鼻子；至于嗅觉的"嗅"字，甲骨文则聪明地把个超大鼻子安装到嗅觉最灵敏的狗头上去，成了 ▨，也就是"臭"字，但这字后来堕落成专用的不好气味，因此原字又添加"口"的意符（又弄错了，想来是个感冒只能用嘴呼吸的傻瓜）而成为"嗅"。

此外，我们今天所惯用的"味道"一词，"味"这个带着"口"字意符的后来形声字，当然本来是隶属于舌头所管辖的味觉部分（舌，图，为着强调舌上的血管经脉和口水，这个舌字遂狞猛起来了，倒像某种昆虫或外星怪物的口器，也像一株雨中的盆栽。由此，我们还能找到一个外形更不雅的甲骨字，图，"饮［飲］"字，一个伸长脖子和舌头喝酒或喝水的人），但也大致移往鼻子去了——当然，味觉和嗅觉的紧密联结不好分割，让这部分的感官混淆和位移较情有可原，我们都晓得，享用美食时鼻子的慷慨参与有多重要；而且，我们多少也亲身体验过，重感冒鼻子不通时，吃起东西来有多没劲多没"味道"。

诸如此类的奇奇怪怪错误你在意吗？坚持要更正吗？来不及了也不必了，老实讲，"积非成是"本来就是文字发展"正常"的一部分，文字一直在持续的误解、误读和误写的状况下蜿蜒前进,像收受种种异物、种种污染的大海,安静地吸纳它们积淀它们分解它们。当然,每一代也都有眼睛里容不得沙子的人试图英勇斧正,甚至动用到公权力来规定哪个字一定要哪样写才行,包括"部分"的"分"字到底有没有人字旁,"计画(計畫)"的"畫"字要不要让它带一把锋利割人的武士刀(指"划〔劃〕"),"拚"和"拼"到底是不是两个从发音到意思都不一样的字云云,这些分辨和努力或都正当行之成理,每隔一段时日整饬一下也是好事,文字通常也不会反抗默默接受指摘并承受,但同时它仍固执地继续犯错,继续走自己难以阻挡的路。

甲骨文大街

好,睁大眼睛、眼前光影缭乱的游手好闲者,如文字般持续漫步于属于他的通衢大路之上,我们就跟着他的眼睛也张望这路上的一切吧。

首先,这路是怎么来的呢?路,当然是人走出来的。

但这句包含着浓浓教训况味的睿智人生俗谚,极可能只说对了一半,最早最早的路也许是鸟兽走出来的,人尾随其后——比方说较具开路之力的兽群,甲骨文中有个今天我们

不再用的字 🐑，是羊群走过的画面；也通常有蛇，🐍，这个字就是蛇字的原形"它"，唯"它"字较常被引用的是另外一型的 🐍，一条可能是被无意踩到或骚扰的蛇忍无可忍瞄准人脚的一触即发画面（人不惹蛇，通常蛇也不惹人，因为人并非它的食物）；然后，便是追逐之事的发生了，今天的"逐"字源于追赶野猪的 🐗，但甲骨文中，被追赶的还有鹿、大象、狗等其他造型，只要有肉，无所不追，追着追着，路就清楚踩出来了，于是金文以降的"逐"字，便添加了道路的符号，呈现出 逐 的模样来。

但这时候的道路还太荒芜，属于猎人，而不是游手好闲者。他需要路况更好、人群更聚集、景观更热闹的大路，因此，他得耐心等待这自然的道路被人为地加工——甲骨文的"建"字和"律"字，可能是同源之字，呈 𦘒 模样，或再加脚印符号让此一信息更加清晰的 𦘒，是手握一管毛笔（当时就有毛笔了，不待日后秦朝大将蒙恬的发明，后来出土的战国时代毛笔也绝非中国历史上的第一支），规划道路打算开工整建的模样，这个气象万千的"建"或"律"字，为我

最本雅明的字　　165

微 後 逜 徝 後 牧 舁 興 ⊕⊕ ⊞

们存留了当时十大建设之类的宏伟证据。

"你建好它,他们就来了。"——新的大路之上,仍然有牛羊走着,但注意这回后面跟着持杖放牧的人("牧"字我们看过,但还有加道路符号的 微 或 徝),你跟他们后头,趣味盎然,有某种不期而遇的愉快心情("逆"字,逜);你也轻松地就越过某个背着人迟迟而行的("迟[遲]"字,徝,一个因背负着另一个人而步履沉重的人),但路上并非都是快乐的画面,也有人押着可怜的奴隶不知要往哪儿去,你注意到这名奴隶脚上还系着绳索,防止他逃跑,因此举步维艰,很快就消失在你背后再看不到了("后[後]"字,後,绳索加脚步的会意字)。

路旁还有跪着祭拜或正进行某种仪式的虔敬之人("御"字,牝,原意被假借之后已然遗失了),此外,也有甚多不愿走路的人,不管是基于实际的身体考量,或仅仅只为着夸示身份地位,乘坐双人抬着的舒适肩舆("舆[輿]"字,舁,或"兴[興]"字,興);道路上也来来往往走着各式各样华丽的车子("车[車]"字,⊕⊕、⊞、𝌠、𝌡、

"），路旁停着的车子旁边，有人正待登车，另外一人手持垫脚之物协助他（"登"字， ）——还好当时这些手工打造、式样装饰个个不同的车子数量仍相当有限，速度也不快，不会威胁到闲步的人，只增加眼前的景观和速度节奏变化而已，就像本雅明所讲的，马车的大幅度兴起，在伦敦街头抢去了走路的空间，但在巴黎还好，没侵犯到人行的步道上来，仍为游手好闲者留着余地。

也正如巴黎的游手好闲者需要拱廊街，需要百货公司和柜窗一样，这道甲骨文的新大街两旁也有了变化，长出了式样、功能和意义不一的建筑物来，有可能是占地较广大、权力掌握者所居并行使权力的宫室（"宫"， ），也有大概是作为祭祀所在的庙堂（"享"， ），还有高出一般人居室的大型豪宅（"京"， ，"高"， ），人形的屋顶原是避免积存雨雪的必要设计，却也因此割开天空的浑圆完整。这些屋子开着双扇或单扇的门扉（"门［門］"， ；"户"， ），并有着可容不经意窥见室内的窗子，窗子还可能是陶质的，饰着漂亮的窗花筛选光影（"囧"字， ）。

最本雅明的字　　167

居处和人口这么密集起来,做生意的人当然也就跟着来了,这是人口集中、分工渐趋细腻后必要出现的局部性交换经济,他们用实物性的斧斤("斤", ,斧头的原型,后来也因此转注成度量衡的单位,完整记录了如此的交易经历)和远方的美丽海贝("贝[貝]", ,后来成为有关商业活动的文字最重要的构成附件,如"买[買]""卖[賣]""货[貨]""贷[貸]""质[質]"云云)作为交易媒介。这个新兴的经济活动看来是有力量有前景也有当下利润的,甲骨文中的"得"字呈 ,在大路之上一手拿着海贝的图像,我想,这是正当商业所得,而不是靠运气捡拾而来或凭技术窃取而来。退一步来说,如果在这道大街上那么方便捡拾到或窃取到珍稀的海贝,那也未免太热闹、进展太快了,这并非不可能,只是这还要等上好一段时日,等大街更热闹、有更多人前来,在人挤人的摩肩接踵时候才差堪想象。

游手好闲者,关心的与其说是商业的发展前景和历史意义这些迢迢的东西,真正吸引他目光的毋宁还是眼前的活动本身和大街的变化。这里,有附近的农人、猎户和工匠贩售游手好闲者熟悉的本地生活产品,像把这地区的活动和其结论作总结性的呈现,偶尔也会有陌生的远方行商顺大路而来,展示一些从没见过的动物和货品,这种时候,总吸引了最多人的驻足和问询,是大路之上不定期的自发性节庆,这些奇怪不知道名字的商品和贩售者本身都隐藏着一个个没听过的故事,源生于一个个没听过的地点和经历。陌生行商的介绍说明几乎总是夸大的、诱骗的、荒诞的,用这些价值的不明添加物把眼前这个可见可信的、大小恒定的实物给装填饱满起来——《山海经》大约便是大街市集的如是产物,奇怪的山,奇怪的河,奇怪的土地,生长着奇怪的草木土石和鸟兽,每一个自然物都拥有呼之欲出的可信核心实体,但它们,尤其是外表线条,又总是变形的、扭曲的、闪动不居的,一种又荒诞又具象真实的存在,是行商狡猾的魔幻写实作品。

于是,人来人往的实体大街便也成了某种隐喻了,它通向外头不可知的世界,也通向外头不存在的世界;载运过来外头不可知的物和人,也同时带来外头并不存在的物和人。

声音的杂沓起落,让被包围的游手好闲者脑子缭乱起来,就像我们说喧嚣的那个"嚣"字的样子,而他脑子一下子装不下的众多讯息便继续在空气中扩散、纠缠,并随机化合——有行商的夸夸吹嘘,还有因此引发起来更杂乱无秩序的惊叹、感想和评论即席发表乃至于争议,此外,尚有其他贩售者不甘示弱的相应叫卖声音,有车行的声音,人和牛羊行过的脚步声音和随尘土一蓬一蓬而起的话声和叫声,可能还有一直持续着不受干扰的流水般织布声音("经[經]",<g/>,装好经线的漂亮纺机模样),有街边作坊的叮叮敲打声音("攻",<g/>,在某种器物或作台上敲打),甚至还有新起的工事房屋正进行中,加进来夯土的沉沉实实低音("筑[築]",<g/>,夯打的字,夯土时外层先用木板层层固定,填土其中,再一段段夯实,这个虽是稍后的金文,但仍保有用大锤夯打的生动模样,至于竹字头,看起来只是个美丽的背景),以及挥汗工人协同使劲时高亢拔起的吆喝歌声。

本雅明说这样的大街总是危险的,总会通向犯罪——取代咬人脚跟之蛇这种自然性危险的,有人和人聚集的小不忍斗殴("斗[鬥]",<g/>,两个因出手扭打而头发散乱、肢体扭曲的人),大街上也出现诱捉小孩的贩售人口歹徒("俘",<g/>,抓落单小儿于大街之上的可怖之字)。

当然自然性的灾变威胁一直是存在着的,尤其是华北著名的水患,甲骨文的"衍"字,<g/>,便是如此可怖的景象,街道瞬间成为洪水之路,淹没一切。

当时,这自然的威吓力量是比战争杀戮更可怕的毁灭者,因此,中国最早的筑城动机不因战争,而是防水。夯土的城墙呈斜角的缓坡状,毋宁更该视之为堤防,城墙还要有人巡逻照看,甲骨文的"卫(衛)"字是 ,四个大脚印环着四面城墙,这是个有正经事在身的勤苦之人,和我们无所事事的漫游者恰成对比。

百年孤独的游手好闲者

这个大水漫过街道的"衍"字,把我们带到另一个也是新建的村庄聚落,另一道可堪比拟的新主街,同样游手好闲者徘徊不去之地——那是加西亚·马尔克斯《百年孤独》所在的马孔多主街,就在跨国香蕉公司罢工事件整整三千人以上被屠杀、装火车运走并予以湮灭之后,一连下了四年十一个月零二天的雨,淹去一切,就是此字的光景。

想起马孔多这条街,这里有些不安和疑虑就容易清理了。三千年前的一条不知名的新大街有什么好逛的,有什么好眼花缭乱的呢?——对习惯于亚洲式商店街名品店,习惯于日式百货公司或购物中心"瞎拼美学"的人而言,别说是三千年前尘土飞扬的贫穷大街,就连巴黎香榭大道或伦敦的哈洛斯皇家百货公司(没错,和英国戴安娜王妃一起飞车撞死的就是该百货公司的小开),你乍见都难免觉得土,难掩闻名不如见面的失望。才不过几年前,我曾和一位友人一道走进欧陆最大飞航转运中心的大城之一法兰克福的最大百货公司,就在主车站正面大街之上,完全见识到德国人的朴实不被流行商业时潮拉动的特质,我那位台南出身的友人回头苦笑:"这跟我记忆里二十年前台南市那种所谓的百货公司几乎一模一样,我乡愁得眼泪都快掉下来了。"

我们挑拣半天,只能在那儿买一把双立人牌精钢大菜刀回来送岳母大人,你还是只能相信德国人的制钢工业技艺,觉得自己手中这沉甸甸的致命玩意儿,分明就是虎式坦克或豹式坦克的一部分。

但你同时也心里清楚,这里仍是该城最繁华发光的所在,那里更朴实生活的人们假日开心闲逛的所在,节庆时候慷慨犒赏自己和家人的所在,附近年轻"三九少年"(纽约名作家张北海对 teenager 一字的绝佳译词,十三至十九岁)冶游不归、得回家编谎话糊弄父母的所在。

比现实多一点点什么，这就蒸腾成炫目的光晕，对游手好闲者来说这就够了。游手好闲者，正如我们说过，不是马克思口中富裕的有闲阶级（这种人通常疏懒在家），正如他没有足够的财力来奢侈购买，他也没太遥远多余的空想好支撑他目光的有限贪婪。某种意义而言，游手好闲者是很务实的，他不能脱离大街闭目冥思，一切从眼见为信开始。

因此，每一代每一地，贫穷或进步，契诃夫写的苦役犯萨哈林（即库页岛，俄国流放罪犯之地）或波德莱尔的大革命时代巴黎街头，都有属于它的游手好闲者的踪迹，就连我小时候宜兰五结乡外婆家的小小孝威村也一样存在着被村民摇头叹为败家子的远房伯父游荡者（但小孩都非常喜欢他，做一人高的风筝，到宜兰浊水溪空手抓鲤鱼云云），而《百年孤独》中上校的父亲、马孔多的建造者老约瑟·阿加底奥·布恩迪亚便是个最华丽的游手好闲者。

他的游手好闲者记录，从马孔多才只二十栋砖房时就展开了。每年三月，会有一户衣衫褴褛的吉卜赛人前来，搭帐篷，展示新奇玩意儿，笛子和小鼓响声震天。他先用骡子和两头山羊和那位胡子硬邦邦、双手像麻雀的胖吉卜赛人梅尔魁德斯换来两块大磁铁，想吸出地底的黄金，结果只吸出一套十五世纪的甲胄；下一个三月，他又用磁铁外加三枚殖民地金币和吉卜赛人换到放大镜,用阳光来点火,弄得自己烫伤化脓,还差点动手烧房子;接下来是几张葡萄牙地图和观象仪、罗盘针、六分仪等航海用具,他遂正式放弃了所有的家庭义务,夜夜在院子观察星星,还为了找出研判正午的方法差点中暑,最后在一个十二月星期二午餐时候跟家人宣布:"地球是圆的,跟橘子一样。"再来是炼金实验室,然后是假牙,最终他拿出工具清理地面,说服村人开出一条路来,好让马孔多村能通向世界,通向一切新发明——路最后通向大海,约瑟·阿加底奥·布恩迪亚绝望地发现,原来马孔多被水四面八方包围着,哪里也去不成通不到。

在这段时日里,他的妻子欧苏拉和小孩"则在菜园里种香蕉、水芋、葛根、山药和茄子,忙得背脊都快断了";而在他老去、发疯被绑在院子里的板栗树干并终于死去之后,马孔多的大街仍继续生长,更多生养众多的村民,更大群的新吉卜赛人,马戏团杂耍和真的飞在天上的飞毯,卖淫的妓女,新建的教堂和背后联结了教皇和整个教廷的神父,官吏和背后动乱战争的哥伦比亚夺权政府,自动钢琴和意大利人,当然还有殖民掠夺兼商业掠夺的美国香蕉公司。

然而,这道令谁都眼花缭乱的大街其真面目是怎样呢?加西亚·马尔克斯的传记《回归本源》简体版书中附有一张印得模模糊糊的照片,标名"蒙塞尼奥埃斯佩霍大街",五六米宽的路面(看不出营建质料),疏落平凡的几栋屋子,两根电线杆和凌空横过大街的电线,茂密生长的树丛,路上有个骑脚踏车的人,还有两名游戏的小孩——这就是马孔多大街的原型,加西亚·马尔克斯童年外祖父祖母家的热闹大道,哪里都一样有的普通小乡小镇主街。

对炫目于今日大街的我们而言,两块磁铁、一个放大镜、几张老地图加一套残缺的航海仪器究竟能召唤我们什么,勾起我们什么奇异的心思呢?但对于另一个时间另一条大街上探头探脑的漫步者来说,这可能就足够是一个窗口、一把钥匙、一张进入另一个无以言喻世界的门票了——正如同未来世代的人,极可能也会奇怪我们何以这么容易满足,这么容易激动,所谓的东京原宿表参道不就是又土又落后、什么也看不到的一条老街吗?

而我个人以为人类小说史上最华丽的《百年孤独》起始于什么意象呢?大家都晓得,起始于一块再平凡不过的冰块,忽然展示于哥伦比亚这道没冰没雪的炎热大街之上:"多年后,奥雷里亚诺·布恩迪亚上校面对枪毙行刑队,将会想起父亲带他去找冰块的那个遥远的下午。"——那是新吉卜赛人来那一次,以笛声、鼓声和铃铛声前导,带来孟菲斯贤者最新最吓人的发明,也同时带来梅尔魁德斯死于新加坡海滩的消息。冰块展示于号称是原属于所罗门王的帐篷中,除了入场费三十里拉之外,摸一次冰块还得每人多付十里拉,年幼的奥雷里亚诺一摸立刻缩手:"好烫。"而老约瑟·阿加底奥·布恩迪亚则手搁冰上好几分钟,还前后摸了两次(也付了两次钱),并大声惊叹:"这是我们当代最伟大的发明。"

8 低贱的字和一页完整的性爱生产图示

日本大阪,有一道我很喜欢的路,是连通当地两大交通枢纽梅田和难波的宽敞干道御堂筋,旅日女歌手欧阳菲菲所唱的《雨中的御堂筋》说的便是这条道路。你若取道填海所造成的关西空港,转崭新又比较划算快速的南海电铁(在日本,有其他选择时尽量别坐又昂贵又没效率的日本国铁JR,这是有强大经济学理论支撑的),通常你下车的终点大站就是御堂筋南端的难波,由此开始两排高大美丽的银杏直直伸向北边天际——秋天选对季节时一天干干净净的金色,却是由一小片一小片玲珑小扇子状的叶子参差疏叠而成,比印象画派秀拉的点绘法要自然不造作;其实初春叶子刚出芽成形时也非常好,新绿得透明而疏朗,抬头照见天光云影人世悠

悠，你站在路旁吃六五〇日元大骨头熬制的庶民风金龙拉面，人生很容易就满足。

很难想象这样温柔长相的银杏树，却是植物中狞猛无比的树，它会分泌化学物质攻击邻近树种，而且没有天敌，从恐龙时代一路存活到现代。

在御堂筋平直如矢又宽广的人行道上，你偶尔低头会看见这个城市的专用地砖，一定有一片是甲骨文或金文模样的古汉字，正是这个 $\mathbb{X}$ 字。这字后来演化成为"不"字和"丕"字两个，其中"不"字被假借走了，成为掌权说最后一句话者如父母、老师、政府以及漂亮女生最爱用的一个字；"丕"字还好，尽管并不活跃（大致只存活于成语之中，意思并未顺利移植到现代白话文来），但仍存留了"大"的肯定美好意思，我猜，就因为这个意思，才连缀上大阪市，遂被借用为这个城市的代表符号。

但这个字最原初应该就是个象形字，摹写的是花的雌蕊受完粉膨大起来，原先诱虫用的美丽花瓣功成身退，为节省营养已萎去的模样，也就是植物办完一切手续、专心制造下一代的模样。是个和性有关的字。

和此字最接近最相干的还有另一个甲骨字 $\maltese$，一样是膨大起来的子房，有时还细心添加内部种子成为透视图模样，

，也有人指出这其实就是女阴,这个字是"帝",转注成为一个至高无上的文字。

尽管,在不久前很长一段时日之中,所谓初民的生殖崇拜被弄得很夸张,抱此论述的人疑神疑鬼,形态的联想已到随时随地触景生情的令人厌烦地步(只要高兴乐意,有哪些形状躲得开阳具和女阴的附会呢?),但初民对生殖一事的正面凝视基本上是信而有征的,这不奇怪,某种意义而言,这是无可替代的生物本能。

甲骨文,如是我闻地为这个留下完足的记录。

大道之始的两个象形字

这里,我们先不从生殖,绕个路,用较素朴的角度来查看初民如何看待生物性的必要行为,在人为文化未予以着色以前,这可以是非常坦然的,殊无不洁可言——更何况,我们还有大哲人庄子理论支撑,庄子说,大道并不总显现在最高的地方,相反地,你得往下看,看蚂蚁,看粪便,这叫

"每下愈况",意思是大道在愈低下处愈明白,"况"正是明白的意思。后来,这个成语被错用为"每况愈下"成为贬义,用来形容台湾今天的政经情势发展及其处境和相应的官方能力,这种错读错用是文字(以及语言)发展途中常见的,我们不妨用看待生物基因突变的方式来看它,它也是造成语言文字变异漫涣的来源之一,不尽然是坏事。

好,我们就奉庄子之名从粪便谈起。

便,是"方便"的简称简写,依舒适程度之别又粗分大小两种,但其实完全没触及此一行为和具体物件本身,而是一种隔空抓药式的客套话。那粪呢?这是甲骨文中已然存在的字,是个非常精致耐心的行为写生图,⿰,左手持畚箕或篮子类的东西,右手所拿的⿰是清扫工具,也就是扫帚,小点可能是冒出的气味,也可能是犹待扫起的碎屑之物。因此,正确来讲应该是清理清扫的意思(这个原初的意思到后代的文言还存在),也和我们今日习称的物件不相干,我们今天从线条变异后的楷体"粪(糞)"去看图说话,可能会产生又有米(概念分类或材料来源)又有田(运作之简陋场所)的错误联想,纯属巧合。

造字的初民没这么扭捏躲闪,这上头他们不仅写实,甚至是自然主义的:⿰,就是个"尿"字(当然,极端的女权主义者可能不乐意如此的男性父权造字观点），？，就是个"屎"字。

今天，这两个字就连小学生幼稚园生都认得，也是我们每天必须进行的行为，但有趣的是，不论是口说的语言抑或手写的文字，绝大多数的现代人，一年之中可能难能使用个两次，而且，似乎教育程度愈高、愈有教养或身份地位的人愈少用。你记得你上回写过说过这两个字是什么时候？哪样光景呢？

我们说，从每日必要的生物性行为，到语言文字的高度隐晦，改变的当然不是行为的消失乃至于生物结构的变化（生物学者说我们和万年之前的克罗马农人的生物相异性不到百分之一），而是人的意识出现了计较，而这个意识改变的关键大体上又根源于人类社会的变化——怎么样的变化呢？简单说，就是芸芸众生之中，有一小部分的人地位身份忽然高贵神圣了起来。高贵神圣的理由一开始可能是有真实依据的，包括人的勇敢和天赋能力，能在狩猎和争战之中得胜，包括人的智慧和特异功能，能聆听启示教导一般人，但一来勇气和智慧不是人眼可见之物,需要再找某些更显露于外、更能一眼就看出高贵低贱差别的清楚特征,二来如马克斯·韦伯所指出的,尤其当第一代奇魅型高贵之人把由此挣来的支配权力和地位传交给第二代时,勇气和智慧云云往往是最无法实质转移的东西,遂不得不成为家长式的支配,对这些一生出来就高贵但内在贫乏零蛋的二代之人而言,外表可见形态的不同于一般凡民便成为更迫切的需要了,因此,住的房子得长得不一样,穿的衣服得长得不一样,行为举止都得不同于常人,最终就连语言文字的使用都要刻意分割开来,中国的《礼记》,便是这么一部意图分辨细腻差别的大全之书。

用《圣经》的宗教语言来说,这叫"分别为圣",要先分别,才能显现出崇高神圣来。分别的方式一向采上下两条路线合击并进,上面一条路是积极性的追求,"做一般人不能做的事",是一种夸富宴式的分别方式;下面一条路则是消极性的禁忌,"不做一般人能做的事",是一种弃绝生活底层、挣开生物性必要行为的方式。

这样的"做"与"不做",落在文字语言的实践之上,便成了"使用你无法使用的语言文字"和"不使用你仅能使用的语言文字"——语言文字,在禁忌型的分别方式尤其要紧，毕竟，你能吃别人吃不起的食物，住别人住不起的房子，浪费人家浪费不起的财货，这都不难；但你不真的能改变自己和一般人相同的生物结构，不做吃喝拉撒之事，于是，你只能用语言用文字去加以遮盖。

语言文字于是生出了贵贱，生出了阶级，这并不是语言文字的初始本质，这是它长大后交友不慎才染上的恶习。

知道语言文字的贵贱色彩、阶级色彩是派生的，真正的原始根源在于人生活着的社会分割出贵贱、区隔成阶级，如此，语言文字的考查便有可能再多出一个积极性的指示用途了，我们倒过头来有机会从语言文字使用和禁忌的幅度及其内容，警觉出，印证出，甚或尝试丈量出这个社会的这方面真相来。

像我们读旧俄的一干伟大小说，特别是以法俄战争为书写背景的托尔斯泰的《战争与和平》，总不断被对话中大量出现的法语打断（翻译者为保留原味，通常采取原法文加注释的方式呈现，让不懂法文的人得翻前顾后非常烦）。我们晓得，这是彼时欧化的帝俄上流社会区隔开一般平民农奴的时尚，但值此拿破仑挥军入侵、面临亡国危机的时刻，还如此遍在地、肆无忌惮地满口"敌人"的语言，由此我们窥见的阶段分割意识及实质程度，还是非常骇人的。

又比方说今天的台湾，在一些只供高官巨贾出入的排他性俱乐部（排他，正是非常重要的分割方式之一），里面使用的高贵语言往往是至今不衰的英文和慢慢当令起来的日文。我一位外语能力差不多是零蛋的朋友，某回因偶然机缘误入其中一晚，回来信誓旦旦地跟我讲，整整三小时的时间，他没听到任何一句他听得懂的话——由此，我们也可察觉出台湾今天的政商结构有多强固难以撼动。

你说这太荒谬吗？一点也不荒谬，著名语言学家陈原在他《语言与社会生活》一书中，还说到一个更荒唐的历史实例。陈原说，几百年前的英语是不大说"裤子"（trouser）这个字的，因为上流社会那些虚伪的人认为不雅，会令人想入非非，所以非得讲不可时便成了："我买了一条不能够描写的东西（indescribables）。"或"他穿了一条绝不可提及的东西（one-must-not-mention-'ems）。"

裤子都不行了，更何况屎尿之物。

逃遁与追赶

因此，我们可合理地怀疑，"粪"字之所以早早转注从而取代了"屎"字，极可能便源自于如此语言文字的分割效应——当我们不宜直接讲那有形有状之物，便只好委婉地说"就是那些你每天要费心清理掉的脏东西嘛有没有"，如此如此，这般这般。

我们近取乎身回想自己的人生经验极可能都有极类似的记忆。打从小时候开始，学校老师和家中父母总也会谆谆告诫我们，哪些话哪些字眼是绝不可说出口的，造次如此颠沛如此，否则就得刷牙漱口打嘴巴拉舌头——于是我们很奇怪学了一些理论上终身不可一用的文字语言，就跟人类费尽心思和财力物力发明一堆永远不可使用的核武器一般。

然而要命的是，语言文字这样子的腾挪诡计保用不了多久的，通常会很快被语言文字另一个常见的有趣效应给抵消掉，那就是，语言文字和它所表述指称的事物，在重复使用的过程中，会逐步靠近密合起来，像磁石相吸一般，随着两者间距离的消失，原来的暗示、象征、隐喻便再无容身的空间，并在这两者完全重叠之际，让如此语言文字的诡计归于消灭。于是，我们再看到讲到这个原是隐喻性的"粪"字，脑中那个一手清扫一手承接的勤勉画面便被替换掉了，和原始的"屎"再没分别了。

如此，我们好容易才割开的距离给消灭掉，有教养的语言文字躲藏重又陷落成粗鄙不文的大白话，这时，语言文字便只能再往外逃,它可能羞怯地改用执行地点来代称,比方说如厕;或更文雅的以事成后的身心舒畅感受来代称,比方说方便。但一样保用不了多久,那个讨厌的有形实体又如影随形跟上来,因此,我们便只能费尽心思把地点的指称再加以遮盖,叫"洗手间""盥洗室"(盥,在皿中洗手,最原初可能是进食程序的一部分,而不是随时随地的日常行为),以及尽可能美好的,"化妆室"。

这个永不止息的"逃遁/追赶"关系,如生物世界草食动物和肉食动物的生存竞赛,最终,会将语言文字追赶到几近是再也无路可逃的死巷子里,最终,语言文字只能用"缺席"来作终极性的抵抗,它把自身彻彻底底给放空掉,菩提本无树,明镜亦非台,让实体和气味再无一物可沾惹,于是,我们会听到尤其是更文雅的女性说,"我去一下——","我告退一下——",甚至只是一个点头加一个深挚解人的微笑——语言文字的极致是沉默,老子会这么说,维特根斯坦也会如此说。

"凡不知道的,都应该沉默。"这是维特根斯坦最终的叮咛,这里,我们说"知道的更应该沉默",凡是对语言文字的如此效应有基本理解的人都当如是行,千万别不识趣且心热地追问"你要去哪儿?""要不要我陪你去?""是不是有什么急事我帮得上忙?"云云,逼急了,难保你会返祖性地听到:"去拉屎啦,行了吧!"

如此,人类辛苦了上千年时光便瞬间化为泡影。

柳暗花明的故事

语言文字和它所指称事物的靠近、密合、重叠、间隔的距离消失,说者的隐喻和听者的想象皆失去空间,语言文字扁平透明,不再暧昧,不再辐射着光晕,这便是语言的"物化",或心平气和来说,语言的"钝化"。

这里我们再歇下脚,来说一个"柳暗花明"的故事,发生的时间地点是日本京都靠鸭川的白川通,四月樱花祭。

这一截的白川通是京都三大古街重建的成功范例之一,我第一回去时还十分破败,两岸的酒馆皆把脸转过去背向它,因此像一道后巷,其中最有名的料亭"白梅"还在跨水圳(白川不是河,是人工的琵琶湖引水渠道),连通白川通的小石桥上放着看汉字就知道是"危桥,年久失修"的警告标志。

第二回，烟尘蔽天，根本走不进去，穿制服绑头巾的工人正在整建，大块大块的厚青石板叠在路旁。

然后，便是第三回的四月樱花祭了，地上的青石板步道平坦好走，正朱色的木头栅栏新上了漆，日式宫灯形状的路灯矮矮站在树丛里放暖暖的光，路旁，有大概是地方歌谣戏曲研究会的几名穿和服少女在弹三味线和古琴，游人如织如水川流不息，当然，那些曾背弃它不顾的酒馆又全转回身来，重新把正门开向白川通，好招揽触景生情的日本鬼子酒客，完全是《东京梦华录》里所描绘，而且很可能在记忆中修整过才那么繁华如梦的景象。

白川通原本就间杂而且密密实实长着老吉野樱、老垂樱和高大漂亮的老杨柳。你知道四月樱花漫天盖地开起来的那样子，就算是夜晚只有暖黄的灯光，还是眼前一片光亮透明，就像我旅居日本的老师讲的，"阴天都成了晴天"——一直到那天晚上，我才真的看到原来"柳暗花明"是这么漂亮的风景，一个你使用达四十年之久的无味成语，原来还原回来是这样"樱花亮起，杨柳黯去"的明灭层次风景。

我于是想到，一个学中文的老外，在乍乍知道这个老成语时，看到的景象一定远比我们多，他们在"绝处逢生"之类的抽象意思之中，惊觉到其中居然有 flower，有 willow，还有如《圣经·创世纪》里的光和暗,不像我们熟门熟路地直接进入指述的抽象意义中,千年习用下来早已鸟不语花不香,只是纯粹工具性的符号而已——他们看到的会是一幅漂亮的画,而我们看到的只是一个疲惫的成语。

难怪博尔赫斯在谈诗时,会兴味盎然地立刻谈到字源学,难怪温和如卡尔维诺在谈文字使用时会显得那么气急败坏到接近愤怒:"我觉得人类最特出的才能——即用字遣词的能力——似乎感染了一种瘟疫。这种瘟疫困扰着语言,其症状是缺乏认知和临即感,变成一种自动化反应,所有的表达化约为最一般性、不具个人色彩而抽象的公式,冲淡了意义,钝化了表现的锋芒,熄灭了文字与新状况碰撞下所迸放的火花。"

从卡尔维诺这段少见的严厉话语中我们知道,对文字钝化效应的对抗之道,在于"临即感",在于不让它流于抽象性的自动化,这是一种对实感的再认知再把握,并非一定要回字源学的文字之初不可——然而,回到文字的始生,却是 refresh 文字的一条很好道路,它有机会召唤回文字被乍乍铸成或说被如此使用的原初"惊异",这个惊异联结了彼时生长它的现实土壤和具体图像,带着尚未被消灭的强大隐喻想象力量,中国人说得最好的是庄子的"新发于硎",硎是磨刀石，宝剑刚刚才辛苦磨好，犹带着闪亮的火花和锐利无匹的锋芒。

更何况，博尔赫斯的回溯字源只能找到掌故，而在中国文字的字源里，我们往往还多出了具体的图像。

生产指南

好，往下我们便重新回到具象的文字来。

在谈指事字时，我们已看过了一个暧昧于指事、象形和会意之间的"身"字，它其中一个"肚子里有东西"的造型，说明它可能早早就有"怀孕"的意思。

当然，这没什么好大惊小怪的，说到怀孕生子，这是生物性的本能传种繁衍大事，人什么时候在这颗蓝色小行星出现，这事就摆明了存在多久，绝非日后谁才发明发展出来的新方法或新抽象概念，因此，三千年前的甲骨文必然对此知之甚详。事实上，有关怀孕，甲骨文中还有一个更明白、更没争议的字，长这个样子， ，或更扼要的， ，超声波照射之下可清楚看出胎儿已完全成形（但看不出是男是女弄璋弄瓦），这就是正格的"孕"字。

再来，便是瓜熟蒂落的妊娠过程重要实录了，甲骨文中有一堆造型精微的大同小异之字：或作 ⿱，婴儿由母亲臀后头部先出的素朴顺产图示；或骇人些带着血水而下，⿱；还有连同母亲子宫开口加助产士接生双手的巨细靡遗画面，⿱；也有只局部性重点强调的特写镜头，⿱。前三者大致演化成后来的"毓"字，特写那个则成了"育"字，这两个字原本同是生产过程的揭示，今天则只薄弱保留着声音的连接。

如果我们更具学习精神地把局部特写给放大处理，画面便成为 ⿱ 状，是助产士双手掰开子宫接生的样子（是否有难产的麻烦不得而知），这是个"冥"字，可能是这字后人看起来刺激了些，逐从生产过程说明书中被完全剔去，而转注成幽黯深奥并烙印着不洁乃至于死亡的贬义。

其实，真正可怕的不是"冥"，而是"弃（棄）"，"弃"的甲骨文画成 ⿱，再清楚不过了，是双手拿着畚箕把带血水的初生小儿粗暴倒出去的写生图。当然我们可自我安慰，这字里头的小儿可能只是死婴，合当丢弃，但问题是"弃"字还有另一个更骇人的造型，⿱，右边加了手握绳索的图像，

低贱的字和一页完整的性爱生产图示

用以绞杀初生的小儿——我们当然晓得,在生活物资不丰盈且医学不发达的初民生存世界中,这可理解为某种变形的家庭计划堕胎行为,用以处置有缺憾养不活的或有困难无法养活的小儿,但终究还是令人触目惊心。

好,比较幸福活下来的小儿,母亲便有义务得授乳了,甲骨文的"乳"字是 ,极精巧的一个字,怀中的小儿张大口如嗷嗷黄口小鸟般让人心疼,而且我们也可注意到,这个象形字还添加了指事的小横杠符号,特别标示在焦点所在的母亲胸脯部位。至于辛苦授乳的母亲,体形当然有了变化,甲骨文中的"母"字作 ,是"女"字 的变形,刻意地夸张膨大的乳房部位,产出"比牛奶更好"的婴儿食品。

只是,小儿除了要生要养要保护(保, ,漂亮的背小孩图像)之外,还得要教。甲骨文育儿指南的最后一页便是这个"教"字, ,其中最醒目是右半边手持棍棒高高举起的图像(至于小孩头顶的 符号,许进雄先生以为代表的是打绳结的这项古老技艺,以概括小孩的基本教育课程),从这个抵赖不了的具象文字来看,至少三千年前中国人便堂而皇之进行体罚教育了,罪证确凿。

但看过了令人悲伤的"弃"字之后,如此有限伤害的数字我们也就不计较了,毕竟,比起那个可能是十年以上最低本刑的骇人罪行，打打自家小孩，可能就只是斥责了事或缓刑结案罢了。

花的儿女

如此明朗坦白面对男女生育大事及其相关零附件，对初民而言，是普世性的，绝非中国人所独有，这对今人已经是常识了。像甲骨文中著名的"且"字，"祖"字的原形，画成，当然就是个如假包换的阳具，和女阴代表的"帝"字相辉映，差别只在于男主内女主外而已——用阳具代表祖先，是"吃果子拜树头"的感恩不忘本呢，还是祖上无德，除此道具而外没什么值得后人崇拜追忆的呢？

玩笑归玩笑，其实我们晓得，就生物而言，交配传种繁衍这是最重要的大事，甚至严重过个别生命本身的存活（你一定在Discovery频道看过鲑鱼英勇溯河产卵死去的影片实录，那样忍受激流巨石撞击一身残破不退的壮丽画面），因此，此事必须大张旗鼓地进行才合理，而不是隐匿不宣，是以生物进入发情期时，或散布强烈的气味（据生物学家研究估算，一只发情的雄蛾，其气味足以吸引四亿只雌蛾），或饰以鲜艳的颜色，或直接让性器官肿大起来以便目标明显可辨识，只因为在生物护种竞争上失误不得。

显花植物尤其极致，当配种的时刻来临，它们把性器官高高举起在最显眼的位置，搭配以一切想得到做得到的手法，包括最美的色彩、最扑鼻的香气（或臭气，如非洲的大王花，只因为它借吃腐食的蝇类传粉）、最浓郁的甜蜜，唯恐你看不见、闻不到或不愿靠近，无所不用其极只为着传达一个讯息："快来，我在这里。"——二十世纪六十年代追求性解放的美国女孩男孩，之所以自喻为"花的儿女"，高唱"到旧金山别忘了戴朵花在头上"，其典故便在此。

当然，这方面动物和植物稍有不同。动物有短暂隐匿的需要，那就是交配正式进行这段时间，但究其原因，倒不是什么害羞不害羞的问题，而是值此节骨眼的一刻，动物（植物则当然无所谓，反正它本来就不会跑）会丧失绝大部分的自卫和逃遁能力，是最脆弱的时刻，像我们小时候抓雷公蜻蜓就最清楚，蜻蜓交配时最容易逮到，而且一次两只，这无关教养和文化水平，而是实质性的生死问题。

由此，我们不难了解，《圣经》中说亚当夏娃开始不好意思裸身，要用无花果叶子把性器官给遮起来，系发生在被蛇引诱，吃了"分别善恶"之树的果子，"眼睛明亮了起来"之后，这很显然是文化性省思开始的隐喻，而不是最原初生物性本能行为的记叙。最早人类遮盖住生殖部位，其原意应该是功能性的保护措施，而不是礼节，所要保护的是传种繁衍最重要却又脆弱易受损的工具，当然不是面子。

奔者不禁

性禁忌严重起来是很以后的事，福柯说欧洲的性禁忌高峰要迟至十七世纪左右，同样地，中国也要到宋明两代这期间，这当然是有原因的。

我们来看巴尔扎克在他小说《米农老爹》中的一段话："可怜的巴黎女人，为了你小小的浪漫，你可能喜欢默默无闻。可是公共场所的马车往来都要注册登记，写信要清查邮戳，信寄到了之后又得再次核对收件的印章，住房也相应要有牌号，这样，整个国家的每一小块土地都登录在册了，在这种文明之下，法国女人怎么可能随心所欲呢！"——这里，巴尔扎克不经意地为我们揭示出来，原来即便是某种道德的、形而上意识方面的禁忌，最终还是要动用到社会的物质性工具的，就好像巴尔扎克所说的邮戳、印章、牌号乃至于各式各样的清查登录簿册，要等到这种种的社会配备齐全起来，这一类的禁忌也才可能真正森严起来绵密起来，让置身其间的人无所遁逃于天地。早期社会身份的差异性分割意识，其力量只够开启它，绝对不足以完成它。

宋明，尤其是稍后的明代，是中国历史上真正的专制君王时代，这可以无关君王自身的善恶良窳（尽管明太祖朱元璋真的不是个什么玩意儿），而是吏治系统的完整，愈见成熟的统治技术，宋代以降儒家主张的单一性、压倒性获胜并在外僵固为钳制读书人的八股科举，往内封闭为准宗教的严厉道德伦常系统（人类历史上好像没什么主张禁得住如此程度的大获全胜而不出大麻烦的，不管它曾经多睿智多悲悯多柔软开放），国家特务机构的建立和快速滋长，宰相的废除和帝王的亲领政事，还包括巴尔扎克所提到的，全面土地登录的所谓"鱼鳞图册"和全面人口清查的所谓"黄册"的完成——是这些东西，而不是（不止）人的恶意欲念，才让人对人的全面压制成为可能，包括形而下的人身行为言论，更形而下的苛捐杂税，以及性禁忌。

因此，愈早朝愈古代也就愈封闭愈禁忌的想法绝对是一种迷思，严厉是一个缓缓建造的过程，要耗用上千年的漫长时光,你才能一步步控制住辽阔疏放的天地山川,人为地予以封闭起来,如此,你也才控制得住散落在天地山川之中的人。

比方说,读《左传》的人,多少都会惊讶于彼时男女之事的"随便",最精彩的当然是一代美人的夏姬,但诸如齐国的几代公主也不遑多让。事实上,孔子本人便是野合所生,历代的儒者也无法讳言这个。名小说家钟阿城来台湾短暂居住期间,有一回谈起这一话题,阿城说这是再自然再寻常不过的事了,他下放云南时,当地的少数民族尚保有类似的仪式行为——他们定期举行仪式性的聚会狂欢,舞蹈歌唱加上酒类的麻醉催情效应,收场便是男女一对对各自带开,自行找地点制造该部族的小孔子。阿城判断,这个安排的原意,极可能是生产的鼓励,人口的增加,对部族的扩展、现实生活的劳动人手乃至于对于死亡以诸多方式暴烈袭来的有效对抗,以护种繁衍而言,都是非常要紧的。

年轻时发神经病念《礼记》(其实很好看,张爱玲还说不亚于读《红楼梦》),最喜欢里头讲二月万物方生、春情勃发的时刻,男女一事"奔者不禁"。当时以为是礼法建构者的开明,懂得在对的时间刻意地开放出一个对的缺口给年轻人走,现在才晓得这是上古男女之事的记忆存留——二月私奔的男女，礼法不加禁止，我们之前已看过"奔"这个字的原来样子，就是那个快得仿佛同时跑出三个脚印符号或甚至是三条腿的古怪象形字，的确得把握时机跑快一些，开个玩笑来说，二月最短，一年漫漫就只这么二十八天，稍纵即逝，一错过到时又要老老实实等一整年。

9 可怕的字

春秋时孔子师门的第一手记录之书《论语》，说实在的，绝对是一本自由、有趣、动人而且充满想象力的好书，对话活泼饱满而且层次分明，人物生动性格呼之欲出，这里，作为录音机使用的文字发挥了很好的力量，表现一流，我们喜爱文字的人真应该为它鼓掌喝彩。

此外，就两千多年前书写不方便因此语多简略的彼时文本而言，它意外地悠闲宽裕；更好的是它还是"非官方"的，让文字的使用权力以及当下历史的记述和随之而来的解释权力释放到民间来，不先有人做成这么困难的破冰之事，很难想象往后一二百年时间会是思维这么自由这么狂野奔放的漂亮光景，再后来尽管不行了，但历史的著述和解释权力仍有相当一部分从此长留民间，收编不回去，不完全受制于愈来愈强大的统治者；还有，民间对时政的谈论和批评习惯和力道一样也没完全消失，成为甚富意义的思维传统。

我个人一直奢望用小说来重建孔子师生一群人，尤其是他们一边自在谈论他们的、一边一个一个国家敲门走过的那般奇特光景，对当时大体上人人僻居一隅、国与国之间尚未接壤留着大片空白地带的实况而言，这真是一个奇怪的队伍，光这外表形态，便可以为很多人带来惊异、恐慌、想象、传说以及启蒙，就像《百年孤独》的吉卜赛人之于马孔多村民，梅尔魁德斯之于约瑟·阿加底奥·布恩迪亚。

只可惜后来我们一直用不自由、不有趣、不动人的方式来读它，让它成为"圣书"——神圣，用翁贝托·埃科的忧虑来说，是一种快干漆式的快速凝固，这原本是一种保护，不受虫蛀，不让时间蚀落变化，得到某种不会坏去的标本，但自由和想象，尤其是非有自由和想象伴随不可的思维，都是时间流淌变化中的产物，在这里非窒息不可。

因此，我很愿意建议人们重读《论语》，也许三十岁之后吧，一方面离开学校久了，那种标准读法淡忘了，可干干净净地重新见面；另一方面人情世故复杂起来也丰盛起来，对人世忧患种种有质地真实的感受（《论语》同时也是乱世忧患之书）——当然，前提是你得保有某种对智识的热望。

不从圣人之徒（也就是规格小一号的圣人）的标准，而从人的标准来看，孔子有不少很棒的学生，能力、性情以及缺点各异，看得出老师是个谦逊、平等、有自信（这三者往往共生）因此鉴赏力准确宽阔的人，没要他们长一个样子，更没要他们全都长成自己的样子。

后来，这些各形各状的学生被历史抛掷到比他们一己之力更大的现实乱世之中，下场不一，有的软弱屈服，有的默默无闻从此消失，也有不少做到了一定的事有相当成就，当然也有命运乖蹇的，其中下场最不好的，大概是勇敢、正义感十足、天资不高但乐观开朗的子路，他出仕卫国，在一场骨肉相残的政变中死去，还被剁成肉酱。因为这个不幸的掌故，中国历代的读书人无不认得这个字"醢"，原本是某种肉类食品，今天超市或二十四小时方便店货架上随时可买到的广达香公司产品，也是拿坡里意大利面的主要食材，但因为这场悲剧，这个字成为一则历史。

但从甲骨文来看，"醢"字一开始并不真的是食物而是可怕的酷刑，从上面的字形很清楚可看出来，这里被置放于大臼之中的不是食物，而是个绝望的人，上方是双手持大杵的刽子手，活生生把人锤打成肉酱，血水四溅。

还好我们这些很喜欢子路的人可安慰自己，子路当然是死后才被野蛮剁成肉酱的，人死如灯灭，痛苦在死亡完成的那一刹那已然远去了——但我们无法安慰自己，还是有相当数量的人系活着经历这一场（不到相当数量不足以支撑这个字的造成），尽管我们并不认得他们。

哀矜勿喜

甲骨文中有好些个这样可怕的字，像一张张档案记录照片，忠实地为我们封存了此类无可辩驳罪行的呈堂证供一直到今天，也揭示着彼时人们生存挣扎的残酷一面，我们该用什么样的心思来看待呢？功能学派的学者如马林诺夫斯基或要我们穿透残酷的行为表象，睿智地把我们的思维聚焦到其功能上头，去理解此类行为于彼时彼地社会建构及其运作维修的必要性（我们的确不好否认刑罚的功能及其必要）；文化相对学派的人类学者如米德则提醒我们少安毋躁，记得在这种时刻最该保持冷静、谦逊和中立，别以我们同样受一时一地制约的价值去妄加评断甚至覆盖时空不同的社会云云。诸如此类压抑我们最素朴正义感和最普遍人性价值的思维警觉，虽然可议，不周延，用学术工业的标准来说也都"过时"

了，但仍有他们的一见之得，有其斑斑历史的可理解线索和进步意义，因此便也罢了；反应比较奇怪的是我们中国的一批民初学者，他们摆明了对这些字的欢迎，眉飞色舞，只因为这些字证实了老中国历史和文化的黯黑和腐朽不堪，而且打开始就"整组坏去"，更重要的还为中国古代奴隶制的存在找到证据，因此可作为很好的开路机，辟一条坦坦大道，好让他们把早已备好待命的整套马克思历史解释给像迎神拜会般迎进来。

实在太开心了，因此忘记了"如得其情，则哀矜而勿喜"其实并非某阶段阶级社会的特定意识形态产物，而是一个深刻的、具普遍意义的好的人性提醒，它没要阻挡我们去勇敢正视最不堪的真相，也不像所谓"理解一切就可原谅一切"的道德异化伪宽容，它只殷殷提醒我们可别忘了自己是个人，而不是丧失主体性的充作另一种意识形态（革命主张的、国族意识的、敌对力量的）的奴仆和工具。

我们这里让"醢"字领军，以为这组可怕甲骨字的带头者，不见得是因为它手段最凶狠、带给受害者的痛苦指数最高（虽然它其实正是如此），而是因为"醢"字是为残酷而残酷，除了勉强可找到威吓性的功能性薄弱解释而外，再找不到其他任何理由可让人这么来对待另外一个人。杀人不过头点地——这是甲骨世界中可见最仇恨最残忍的一个字，带着狞笑。

其他的可怕之字并不这样，它们的残酷多少有迹可循。

杀老／杀小

有一种残酷你最心生不忍，因为充当刽子手那一方，心里极可能并不好受。

这里我们来看一组相对的两个字。其中一个我们在谈生育时已看过，是那个手拿绳索绞死初生婴儿，再以畚箕把带血水死婴倒掉的"弃"字；另一头的另一个字，则是我们从许进雄先生的《中国古代社会》学来的"微"字，甲骨文画成 ，其中左边的 是甲骨文中代表老人的固定图像，以人发随着岁月流逝长长丈量时间，用为表述方式（ ，"老"和"考"的同源甲骨字，在此处多加一根助行的拐杖好凸显人的衰老蹒跚），右边则是有人手拿棍棒的图样。老人不是小孩不是兽类，因此这里不是施行必要体罚的教育之事（"教"， ），也不是驱赶至水草丰美之地的畜牧之事（"牧"， ），而是棒杀老人，和"弃"字遥遥相向，但意义相近的残酷人口控制行为。

不知道是否因为这样一个甲骨造型的关系，太具震撼力破坏力了，许进雄在书中小心翼翼地为它找一堆证据，从五十万年前北京周口店出土原人头颅骨的创痕，到新旧石器时代各遗址的死亡人口年岁统计，再到民俗学者搜集到手的各种传说故事，最终还拿出《楚辞·天问》中"何勤子屠母，而死分竟地"的屈原昔日大哉问之一，用这个掌故中夏禹之子，也就是传说中夏代第二任贤君夏启的杀母神话以为补充证据——再说一次，去买许进雄的《中国古代社会》来看，台湾商务印书馆，五百八十元台币。

巧的是，这一组两字的人伦惨剧，背后居然都连缀到中国远古的两位贤君（也使罪证更加可信）。"弃"是周代开国先祖，传说中他正是得神护佑的不死弃婴出身；而"微"字则如上所述是夏启，当然这个神话原来说的是夏启从幻化为石头的母亲身体爆裂开来而出生，因此才叫"启"，这是我们今天很熟悉的神话样式，很容易联想到其他各民族的同类型神话，也有颇为固定的哲学解释，比较心平气和或比较生理学的还原方式，了不起只是启母生产过程的不顺利，得剖腹取子或甚至母体因而致死云云的神话变形。

杀死老的跟小的，这原是大自然的专利，老去的动物丧失了猎食（肉食性）和逃逸自保（草食性）的能力，本来就难以存活；初生的生命，数量一般总远大于大自然所需、所允许的数量，这是生物护种的人海战术老策略，本来就是敢死队般只打算确保其中一小部分能躲开环境的敌意好存续下去。今天，很多人所赞颂、所矢志学习的大自然生生不息秩序，本来就是靠死亡机制来修护不坠的，其中有些"智慧"并不难知也不难模拟，没那么深奥伟大，只是我们不忍做、不愿意做，没那份硬心肠依样做出来而已，因此我们得痛苦地另辟蹊径，找其他我们做得出来的替代解决方法。

大自然天地不仁的处置，由人来代理执行，包括老去生命的不安乐"安乐死"，包括初生生命的延迟避孕术，我们便以为是残酷的，尽管我们也同时不忍。

这个大自然的生生不息秩序，既然根源于大自然的悭吝本质，根源于生存资源的稀少和必要争夺，对应于它的杀老杀小行为，便无法仰靠人的"道德觉醒"一下子终结，而是生存环境和技艺的有效改善，让饭更够人吃，同时，帮老人和小儿找出存活的价值。

至少从周代开始，这个问题已有大体根绝的景况，一方面因为生产增加，养得活更多人口；另一方面，社会持续分工，人的价值不再完全地、单一地受困于"寻找／制造"食物的纯经济功能。人要祭祀，要料理人群社会诸多麻烦争端，要写诗做文章，要思考生命意义，这时老人便有用起来了，他以吃盐比你吃饭多的时间老伙伴姿态出现，靠他的阅历、知识和记忆取得不可让渡的存在价值（我想起自从我老祖母辞世之后，家里的祭祖拜神之事就程序紊乱，很多时候得用猜的或用"准"的），因此，从周代的存留文本来看（某部分记实，某部分是著述者的理想），老人反而取得崇高无比的地位，要人服侍要人扶持，能单独食肉衣帛，就连君王都得保持礼貌接受教诲。

犀利、霸气十足的孟子，曾说过一段温柔无比的话，而且如果我没记错，至少在不同时间场合讲过两次，这是绝佳的人类历史乌托邦风景描绘，没一般乌托邦那样空洞、天马行空且僵固意识形态的不好气息，极其现实极其开朗，仿佛伸手可及可立即执行："不违农时，谷不可胜食也；数罟不入洿池，鱼鳖不可胜食也；斧斤以时入山林，材木不可胜用也……五亩之宅，树之以桑，五十者可以衣帛矣；鸡豚狗彘之畜，无失其时，七十者可以食肉矣；百亩之田，勿夺其时，数口之家可以无饥矣；谨庠序之教，申之以孝悌之义，颁白者不负戴于道路矣。"

相对来说，小儿的命运际遇就艰辛一些，它的价值不在当下而在未来，这个价值延迟本质，使得它的命运除了跟当下的急迫物质条件绑在一起而外，还得受未来预期的乐观悲观心理所牵制；而在历史现实之中，它显然还始料未及遭到其他意识形态渗入的迫害，那就是父权社会运作底下，纠缠着人的愚昧偏见、宗法制度、财产继承制度的讨厌意识形态，因此，杀婴之事绵延较久，时有所闻，尤其是女婴。

这里，我们应该能马上警觉到，纯功能性的、现实性的杀戮尽管残酷，但比较起来目标清晰手段利落，不需要有目的之外的折磨（除非手法太拙劣的失误），真正让人感到残忍的永远是意识形态所衍生的神圣杀人理由和仇恨无限上纲心理，人类历史上大量的、残酷的、非现实需要的杀戮，你一定可清楚看见一旁意识形态带着狞笑的支使，其中数量最大、手段最狠的就是宗教和国族意识。也因此，人间残酷的真正高峰不在意识形态方兴未艾、杀老杀小的甲骨文时日（不会完全没意识形态的"资助"，否则"醢"字便无由出现），而是始自于得胜之后的基督教，并在宗教改革、国族意识持续高升的往后数百年一路攀爬而上，用福柯的话来说是，他们不是要你死，而是就要你不死。刽子手最了不起的技艺便在于，如何在不终结人生命的情况之下，让痛苦尽量延长并极大化。

想看这种究极技艺演出的人，可去买福柯的《规训与惩罚》一书，还可从福柯书中所引述的历史酷刑实录文本追进去，看人类疯狂起来会到何种地步。

我们同时也应该清楚警觉到，既然老人和小儿得以存活的最大关键，在于现时生存物资的充裕，因此，这类行为便很难完全根绝。一旦现实状况转恶，求生不易，老人难保再次被饿死打杀，而小儿不仅丢弃，更可废物利用"易子而食"。这种反噬脉冲式在不好的时代全面复活，也始终局部地存留在谋生不易、自然条件恶劣的人间一角。

死者／活者

经济性的杀人之外，还有战争的、刑法的杀人。

因部落的、国族的冲突而杀人一直少有道德负担，甚至是光荣的、受人景仰的，因此，这类的字不必像棒杀无助老人的"微"字那样，羞愧地躲到"微弱的"或"幽微隐藏的"两个转注洞窟里去藏起来，这种杀人，是制造英雄和伟人的最重要机制。

这种群体冲突的杀人方式，最根底处有生存资源争夺的"必要"动机，辅以群体共生的自然情感，这就是国族意识的真实原型。正因为国族意识非凭空发明，而是随时可回头在这基本人性和人的处境找到方便的支撑，它才这么难以对付，一直享有相当程度的"道德豁免权"，刀起头落，不亦快哉。

来吧。甲骨文中首先有中箭受伤的人，⿱，箭矢由人腋下穿入，这个字是"疾"，因此它是受害者一方的字，而不是加害者一方的字，表述的是"受伤"而非"杀戮"；再来是"伐"字，⿰，很清楚用兵器的戈（⿱）割取人头的图像；从"伐"字，我们可立刻跳接到下一个镜头"馘"字，这个斩首示众、今日还好已鲜少用得上的字篆写成⿰，把伐下来的人头得意地悬挂在凶器之上；如果你嫌不清楚，那就点进画面予以放大，这局部重要图像清晰出来就是"县（縣）"，⿰，"悬"字的原形（加"心"的意符，是转注成悬念、悬挂的唯心论走向），很清楚可看到绳索或被害者的头发充当挂索，眼睛怒睁不一定是含恨不瞑目，这只是造字老伎俩，用单眼来代表整颗脑袋，但也因此造型更骇人。

"馘"字的楷书也可写成"聝"，这个变形不自楷书始，而是秦的小篆阶段就有了，显然作为实战杀戮高手的秦人的确有 pro 级的水准，深知其中奥妙——战阵中杀人，又要存留立功证据，又要不妨碍持续的行动，弄个皮球大的脑袋挂身上的确不方便，比较好的方法就是只取固定一边的耳朵，这种方法一直沿用到现代。

这不仅现代，更是古老，甲骨文中的"取"字，和我们见过手拿宝贵海贝的"得"字同形而异物，拿的正是战利品的敌人大耳朵，格调不同，但价格可能可以互换，心情上也可能同等程度愉快。

然后便是那些活逮不杀的人了，当然也包括犯罪但罪不至死的人，这些活罪难逃的人大概都供做奴仆使用，但在发配使用之前，有些手续得先办一下。

有些得先弄瞎他一只眼睛。据学者研究，瞎掉一眼，对经济性的劳役之事不至于有太大影响，但反抗作乱的能力则因此大伤，因此，在不顾及受刑者的真实感受情况下，是很有效的管理方法。甲骨文中，这个残酷的处置俘虏或犯人的方式有三形，看来应用的情形相当普遍，一是"臧"字，，以戈刺眼；一是"民"字，，以针刺眼；然后是"旻"字，，手持尖物刺眼。

有些则目标低些，瞄准鼻子。这是"劓"字，，其实这个楷书的保持状况相当良好，意义也如当初完全没走样，就是一个象形的鼻子配一把象形的刀，除了拿刀割鼻子之外，还真掰不出其他什么解释出来。

状况进一步轻微的，或说进一步人道的，则是所谓的"黥刑"或"墨刑"。这种在人的脸上"留下记号"的处置方式，重点不在肉体的折磨痛楚，而是分别，也就是让某一部分人脸上永远洗不掉地写着"我是坏人""我是奴隶"，散落于芸芸众生之间，很方便辨识和管理。它的最终成果，我们可以来看一个刻画得更仔细更传神的金文字，这就是今天我们用为颜色的"黑"字，取自铸子叔黑臣簠，，这是一个人，脸部夸大好让我们看到上头墨汁淋漓的纵横线条，还四下滴落。

要让脸上线条永远不去，像我们小时候不乖被某些变态老师用毛笔沾墨汁在脸上写字画○×是不够的，得用刻的，让线条深陷到不会剥落再生的表皮组织以下才行，这便需要较特殊的执行工具，这个工具在甲骨文中便是"辛"字，，形状像一把长木柄的雕刀，末端大概是扁平状的锋刃，并加指事符号的小横杠于其锋刃来强调,就像今天玩金石篆刻所用的那种,我们顺着"辛"的符号往下寻找,便能找到一些脸上有记号的人。

很奇怪,在皮肤上刺字画图这项技艺和喜好,人类会得很早,而且极普及(看看非洲人、美洲印第安人或台湾的阿美人)。信基督教的人会说这项技艺系直接袭自上帝,第一个刺字工匠就是上帝耶和华,挨刺的正是人类的第三个人,也就是亚当夏娃的大儿子该隐,人类第一桩谋杀案的凶手,上帝因此在他脸上留下不可抹消的记号,理由是要其他人不要再伤害他。但想当然耳,该隐的罪恶印记也从此跟随他,令他不管何时何地都脱不去凶手的身份,都被隔离,都等于犹在服刑。

脸上有字的首先便是"妾",一个言简意赅的聪明利落造字,用一把墨刑雕刀和一名象形女子直接结合起来,来表达脸上黥字充做劳役用的可怜妇女;然后是"仆(僕)",更证据确凿的一个字,摹写一个受过黥刑的人正在倒垃圾的模样。请注意此人的右脚,很明显短了一截,且有流苏状的记号存在，说明脚的长短不齐是有意的，绝非图形刻画时的无心失误，这让我们联结上另一个字，另一种刑罚，"杀（殺）"，一样的长短有别，一样脚上的记号（换成左脚，这无妨），这极可能就是斩去单脚足踝的"刖刑"，战国名将孙膑挨的就是这个，汉文帝时淳于意的孝顺女儿缇萦冒死上书要对付的也是这个——斩去一脚，得穿义肢式的特殊鞋子（齐景公时曾因此类肉刑过滥而造成此类鞋子供需失调而价格腾贵起来），但行动还是不方便，因此只能做些看门敲钟打杂倒垃圾一类的琐事。

事实上，厉害无比的许进雄先生还搜到金文里去，他又多找出"童"字，这是个形声字，其中的"东（東）"只是声符不具意义，图像的重点在雕刀的"辛"和其下的大眼睛，不晓得是雕刀也作刺眼之用呢（功能上当然不成问题），还是以刀代表墨刑、以眼代表刺眼的广义性表述受刑服役的年轻小儿呢？

另外，不从刑罚角度来表述的贱民还有"奚"字，这个字在甲骨文中也屡屡现身，线条有微差，男女有分别，但主旨相同，我们只需要看其中一个就行了，一只手拉住用绳索捆绑的人，这不自由的人当然也是罪犯或奴隶。

还有几个较暧昧的字。一是"宦"，监牢里一只监视的老大哥眼睛,当然这负责监视者可能是身份正常的受命小吏而已,但以囚徒监视囚徒、以奴隶管理奴隶是这个古老行业的可敬传统,效果良好,沿用至今,因此"宦"的真实身份也不妨放进来;如此,便又再跑出来我们看过的"臣"字,也可以在眼珠上加一小点强调而成为,不再被关起来的大眼睛,顺同样逻辑和操作实际经验,我们可以当他是服刑表现良好、调出来处理其他工作诸如例行行政文书业务什么的,已挣得一部分人身自由的罪犯奴隶,这也是此一传统屡见不鲜的。

再往上升就到"宰"字,,小雕刀又出现了,这回置放于家里,当然,这可以解释为有刻人面孔、生杀予夺权力的掌权宰制之意;但"宰"同时也是人,是一种工作身份,也不妨可看成受刑人进一步受到主人的信任,正式进入家中担任管家执事的重任。

还有,但差不多也够了。

满街奴隶

于是，对想在中国远古找奴隶的人而言，这真是大成功大丰收的一趟旅程。"民"是奴隶，"臧"是奴隶，"妾""仆""童""奚"也全是奴隶，不止这样，作威作福的吆喝小吏"宦"也是奴隶，老实分工办事的中级官员"臣"也是奴隶，必要时连一人之下，指挥号令的"宰"都可能是奴隶，真要这么无限上纲下去，连万兽之灵的神物"龙"和万鸟之王的神物"凤"看起来，奇怪都有奴隶的气味或说血缘基因。龙的样子我们看过，，你看它头角部位不也挺像我们找寻的那把小雕刀吗？还有美丽神奇的凤，，它的头冠部分不也一样很像小雕刀吗？

普天之下，莫非王土；率土之滨，莫非王臣——依甲骨文造型翻译出来，叫"莫非奴隶"。

这样奴隶叠奴隶，积木般堆起来的结果是什么？就是某些人想望中那个严密的、无所遁逃的古代奴隶制度，包括那些持戈的、拿利针的、操作小雕刀的、拉住绳索的，都一样转身隶属于此一制度之中，于是自由的人所剩就很少很少了————删除之后，好像就只剩下那个万民之上的可恶君王一个，或规模小些，可恶的部族家长一个而已。

今天，我们当然已清楚知道事情不是这样，历史的可信图像不是这样，考古的实际证据显示不是这样，但整整落后一百年的不实臆想总还会有人信的，就像落后上千年的、宇宙世界万物和人类的始生的确一如《圣经·创世纪》一字不差描述的那样子，这一样到今天仍不少人坚信不疑（我们当然不反对用寓意的柔软角度读《圣经》的创世纪录，那事实上非常有意思）。这谁也没立即有效的办法，神话信仰一如卡西勒所说也不是哲学论辩所可能拆毁的，只有交由时间，让民智一点一滴进展来料理。著名的科学专栏作家卡尔·萨根将他的书命名为"魔鬼盘踞的世界"，书名所指称这个仍被各式各样蒙昧愚见所统治的世界，不在远古，而是现今，不僻一隅，而是全体。

然而，从甲骨文的角度来看，差不多所有关于人的称谓果然差不多被奴隶所占领了，广大的自由人之字在哪里？

"我"之命名

自由人在哪里？自由的人如何命名？答案其实很简单：不需要刻意的命名，去凸显自身的自主无所隶属，因为它是常态，是主体，是"我"，它只需要最平凡的泛称，最没有表情的记号，因此，它就只是"人"，亻、大、禿，或立或坐，或正面或侧面，简简单单的人。

以今天我们对命名一事的诸多讨论和理解而言，这其实已接近是结论或说是常识了——命名是由他者开始，是察觉到异样的、特殊的存在，借由一个称谓、一个专属的符号，将它从万事万物交织而成的混沌状态给分别出来。因此，命名同时也是界线的赋予，就像小孩画画时常用黑色（因为通常是最清晰不妥协的分割）线条将天上的云、山脉、房屋、桌椅和其上的水果杂物云云加以框边，好让彼此不相渗透混淆。而我们晓得，除非在某种光影的对比情况下，真实物体的黑边往往并不存在，因此，它并非来自视觉的模拟，而是内心的分类投射，我们要它单独跳出来，无意识里仿佛有一根手指头坚定地指着它，就是它，像《圣经·创世纪》中上帝为昼和夜命名时所做的一样："把光和暗分开"。

命名所赋予的界线，基本上是个半透明层，隔绝了内外，但并非从此封闭不动,就像单细胞生命和它的薄薄细胞膜一样,它可以主动吸收它认为的养料,也可能被异物渗透或暴烈入侵。因此,这个界线又是可移动的,向内或向外,形成意义范畴的扩张或减缩,但不可以消失,界线一旦消失,命名也就跟着泯灭了,一度被命名的该物也重新沉没于原初的混沌之中。因此,界线必须存在,尽管我们几乎永远无法确定界线的真实位置,这造成我们想为任何命名找百分之百完美定义的困难,不管它是"人""爱""时间""忧愁"云云,也就是圣·奥古斯丁曾经说过的:"当你不问我时,我很清楚知道时间是什么;一旦你真问我,我却完全说不出来它是什么。"

所以,名小说家也是名记号学者埃科说,生命,是从有了界线开始。

相对于他者,"我"这个主体却是个浑然的存在,视觉等等感官和思维的拥有,使我在六尺之躯的物理结构之外,同时也拥有一种非物理的、广漠时间空间的流动本质和穿透本质,这种"万物因我而存",或谦逊点,"万物同我而存"

的"合一"感,让"我"太像个不成形状的、四下流窜的原生质,不容易架起界线,分割内外,命名遂反而被延迟下来。

界线要如何出现呢?和万物命名那种"要有光,就有光"的利落方式不同,"我"的界线则是"被迫"的——"我"不死心地试探,持续地渗透,从而一再地撞到他者命名完成之后所竖起的界线之墙,自东往西,由南而北,"我"遂四下借用四面八方他者的既成界线,一点一滴的,一截一段的,大致收拢成自身克难式边界并不得已承认之,这才完成自身初步的命名。

也因此,"我"的初阶段命名,总是笼统的、过大的、非特征性片面指称的("我"习惯用万物的某个别特征来为万物命名并记忆,但由于"我"对自身的全面性了解和掌握,使它无法忍受沿用这样挂一漏万的命名方式对待自身),带着一种天真未解世事的自大。

就像美国西南最大印第安之国纳瓦霍,他们当然不一开始就称自己印第安人或纳瓦霍,他们叫自己Diné,勉强翻译出来就只是很笼统的"人民"或"人"之意;他们称自己世居这块四面圣山(相传由神和"第一个男人"仿地底之前一个世界所建)所围拥的荒漠土地为Dinétah,意思也一样就只是"土地"。中国之自称"中国"的自我命名大致上也是这样子，"中"是个相对的、因他者的存在甚至包围才得以标示的命名，相对什么？相对于东西南北那些你得承认他们独立存在、不受你管辖拥有、不随你意志而动、不能再骗自己"普天之下，莫非王土"的异国；而这些异国异族所居的人形活物，我们也可毫不犹豫命名为"东夷""西戎""南蛮""北狄"之类的，而我们自身仍只是单单纯纯的人。

日本的天皇也是至今没姓氏的（姓氏的起源也是人的一种再区分命名），堂而皇之的理由是日本当年开国时系由天孙下凡统治，本质是神，是根本不必也不可有姓氏的日照大神子裔。但其实一直不必有姓是因为日本极特殊的历史，搞不好还是人类历史独一无二的，日本的天皇从没被推翻没被更替过（被杀被囚被侮辱被看不起是常有），万世一系，石上生青苔，没有对照的他者存在，因此就可以不必命名区分。像中国就没办法维持这混沌的自大，因为一再改朝换代，谁也不再拥有命名之初的本质性至高无上，尊贵只是风云际会一时一地的，平等才是人世间的最终极本质，因此别自欺欺人了，趁还可以赶快为自己找个神气些而且别人肯承认袭用的好姓氏好命名，你不自己来，就换别人为你命名了。

小说中，第一人称的"我"也是不必有名有姓的，我们后来得知他的种种，往往是借由他人之口讲出来的，甚至借由他人和"我"的诸多交织纠葛关系透显出来的——除非像比方说中国老戏曲的那种老手法,上台人物总先要来一段自我告白,交代自己姓啥名啥、何方人氏、年龄大小、婚姻暨家庭状况、做何营生以及正在烦恼何事云云,让民初那批乐于讥笑旧中国的读书人多一事可挖苦,说从前的中国人可真是健忘,每天早上醒来都得先把自家资料复习一遍。

笼统的"我"的命名通常不会是命名的完成,而通常会持续地挤压而收束下来——受什么挤压?受"硬实"的他者。随着新命名的不断发生,所呈现的景观会有点像城市的成长,新的人为建物不断占领闲置的空地,"我"的空间便不断萎缩,最终它不能再幻想自己是所有无主土地的领主,它只是特定房屋、特定一方土地的所有权者,和众生基本上共存于某种平等的地位。

"我"的命名过程,大致便是这样一个由上而下、由膨风而紧缩、由模糊而清晰、由唯我独尊而众生平等的坠落过程,这同时也是"我"自我反思自我发现的过程,借由他者坚实的存在,推人及己,认清自己。

原初那个神气不可一世的命名可能还存留下来,像"中国",但意义已因界线的改变而改变,沿用不察,只是全世界一百多个国家符号中的一个而已,平行列举,依字母顺序排行索引；或者有新的主体命名（如新国家的建立），在平等的现实景观中，你当然依然可以叫唤自己一个"自我感觉良好"的漂亮名字，在不冒犯不侵扰别人的命名条件下，但我们晓得，通常它会顺服历史的线索或结论，沿用（容或小小的变形，动点手脚）既成习惯的称谓。方便行事，而喜欢追根究底的人往往会发现，这个自我命名的真正来历常来自他者，因历史的偶然而成立，就像两百年前新大陆移民英勇独立建国，而他们的"美利坚"，原来只是一位西班牙老船长的名字而已。

10 奇怪的字

到此为止，我们看过了聪明的字、美丽的字、下贱的字、可怕的字、异想天开的字、因错看错觉而生的字，甚至还有预告了三千年后本雅明论述的字，燕瘦环肥贤智愚庸，这里，我们来看一个奇怪的字。

这个字是"尾"，尾巴的尾，我记得当时我乍见这个字的甲骨造型时几乎当场傻住了，它画的居然是一个人，臀后伸出一根美丽的长尾巴来，怎么会想用这方式来表述尾巴呢？自然界有尾巴的动物俯拾可得，为什么要找上在进化路途上早已和尾巴告别的人类自身呢？

当时我心中瞬间浮起来的有两个画面，或更准确来说，两段文字。

奇怪的字　　231

首先仍是加西亚·马尔克斯的《百年孤独》，那是老约瑟·阿加底奥·布恩迪亚因斗鸡事件杀人并出发建造马孔多村之前，彼时他和欧苏拉刚结婚，但因为他们是表兄妹，而两边家族几百年杂婚，便曾有生出"大蜥蜴"的可怕先例，"欧苏拉的一位姑姑嫁给约瑟·阿加底奥·布恩迪亚的叔叔，生下一个儿子，终身穿松垮的袋形裤，独身活到四十二岁，流血致死，因为他生来就有一根状如螺旋锥的软骨尾巴，尖端还带一小撮毛。这段猪尾巴不容许任何女人见到，后来一位屠夫朋友好心帮忙，以大菜刀替他切除，他竟因此而送命。"——也因此，新婚后一段时日，两人的夜间活动变得很滑稽，欧苏拉总要穿上帆布、皮绳外加铁扣的贞操裤，以防丈夫强暴她，每晚，"夫妇常惨兮兮厮斗几个钟头，扭打似乎取代了欢爱"。

其二，是内举不避亲，朱天心写年幼女儿《学飞的盟盟》中的《盟盟的马儿》一文，这篇短短的文字记录了当时女儿的内向和对马的喜爱："如此容易不好意思、怕人注意、更怕人讪笑的盟盟，好天气时，每天仍然骑着马儿上山。秋天的时候，入山前的基本动作是：折两枝盛开的五节芒或狼尾草，一枝插在外公的裤腰上，一枝插在自己的裤腰上，摇摇摆摆更是两匹俊美的大马儿了。山路上，遇到同校的同学喊她,她一脸严肃地谢绝同学的邀约:'现在不行,我要去放马吃草。'"

于是,对我个人而言这个字漂亮起来鲜亮起来了,见字如见人,它帮我带回来遗失在十年之前某处时光缝隙之中那个傻气认真、才念幼稚园的女儿。

随机选择

然而,究竟是大蜥蜴一样的布恩迪亚家族近亲通婚的畸形儿呢,还是秋日午后插着五节芒或狼尾草的女儿昔日呢?

理智来说,答案可能接近后者。我们稍加留心绝不难看出来,字中那个怪人所生长的奇怪尾巴,其实我们应该觉得似曾相识,类似的图形也出现过"無"字那个人的手上,这里帮大家回忆一下,免得还要费劲去翻找——无,即"舞"的原形字,𣎴,这个大刺刺起舞的人,双手拿的,不就是我女儿裤腰上插的五节芒或狼尾草?不就是"尾"字怪人的怪尾巴吗?

因此，我们似乎可合理地推断，这不是真的尾巴，返祖般地记忆人类的从来之处，或悲伤地牢记一则曾有的人伦惨剧以为戒；而是某种人造物，可装卸的，大约仍是节庆或祭祀时的某种装扮。

但问题仍在。尾巴四处都有，干吗要如此曲折兼吓人，找个人造物来以假乱真呢？今天，我们以事后之明来说，不得不感受到造字者的苦心积虑和细腻，在我们所见过的动物象形甲骨字中，有着漂亮卷曲长尾巴的大概是虎（⿱）和犬（⿱），但这尾巴理所当然地长在"对的动物"的"对的位置"，太对了，所以要怎么样才能区隔出来，让看字的人把目光焦点顺利转到尾巴部分而不是一整只动物呢？当然，借助指事符号的横杠游标或曲线游标是可行的办法，可是造字的人们没选这条路，他们信心满满地从第一感的实存世界跳出来，选用更奇特、更惹人惊愕从而不得不看到那根怪异尾巴的造型来固着讯息，我不晓得其他看到此字的人怎么想，至少我个人真的很服气，服气他们大胆且生动的想象力。

春江水暖鸭先知，拌嘴的人会说，鹅也先知，鱼也先知，青蛙水蛇螃蟹包括精致滑翔于水面的水蜘蛛无不先知，为什么造字的人厚此薄彼，非要选用这种表达而不选用另一种表达呢？

这就是造字的随机性——岂止造字而已，我们整个人生也充斥着如此的随机性，你得时时作出抉择，有时无关好坏也根本没办法考虑太多太久远之后的可能成败利钝，恋爱如此，婚姻如此，人生诸多大事很少不在这种前途不透明却又得迫切做出决定的状况下奋勇前进。

在街道呈棋盘状的大台北市坐过计程车的人想必都有类似的经验，你很清楚自己想去的地方，然而，当计程车司机客气问你走哪条路线好时，你心里知道这其实没差，会到就好，因此，有人干脆认准其中一条到底平息麻烦，有人服膺孙中山在三民主义演讲稿中所提到的相信专家的上海搭车经验，推给司机做选择。我个人是后面那种人，我的回答总是："方便就好，看哪条路线好跑就哪条。"

造字的选择大体上便在类似目标明白，但抉择介于有道理的认知和无须非有道理不可的偶然机遇中完成。比方说"公平"这一抽象概念，老实说，我们抬头可见的长短一致或平坦的东西如地平线应该不至于太少，而中国文字中的"法"字从水，用水由高就低的流体特质就是个相当漂亮的选择，我们很容易想到，水不仅在形态上呈现所谓的水平，而且它仿佛还存在着某种意志（我们现在当然晓得是地心引力在作怪），会让不平趋于平坦，从而让公平的概念、法的概念不仅仅是静态无味的描述，而隐含了动态的矫正、分配之类线索；而在古埃及，同样的概念，他们随机选用的则是当地某种鹰类的飞羽，用这个长短一致且纹理清晰分明的自然之物来代表公平，并兼有着强劲有力、能支撑高飞冲天的漂亮意象。

当然，早些时中国的"法"字比较麻烦，写成"灋"，字里面明显藏了一只很像鹿的动物，这据说是一种单角的神羊，名叫廌，又叫獬豸。据说皋陶（包青天之前中国的法官代表人物）治狱时犯人有罪时就叫神羊用角触他什么的，这有点语焉不详，老实说我个人从来也没真的听懂过，这极可能关系着一则遗失的传说或历史典故，让我们眼见呼之欲出的满满讯息硬是封锢起来，非常可惜，饶是如此，它左边一样借用水的意象和特质仍是非常非常明白的。

后脚站立的动物王国

最原初意象的选择可以是任意的、随机的，但一旦选择确定，往下据此而来的发展便得受到这个选择的制约，就像你在空白的平面上任意选一个点当坐标原点意思一样。

有关这个任意性和制约性，在《中国古代社会》书中，许进雄先生曾问到个有趣的问题：为什么甲骨文中的四脚野兽总是站起来，像用后脚直立起来似的？

这让我想到英国推理小说最特别的一代女杰约瑟芬·铁伊关门之作《歌唱的沙》书中以诗呈现的大谜题："说话的兽／静止的河／行走的石／歌唱的沙／看守着这道／通往天堂之路"——这首奇怪的诗被留在凶杀的火车卧铺车厢里，逗人遐思。

当然，不管有多少人殷殷期盼，天堂从没有降临过世间，在造字时代的中国自不例外；而动物在中国这块古老大地之上的演化亦没发生太动人的奇迹，因此，也从没有过一个高智慧、直立行走的神秘动物王国如小叮当漫画故事在此存在过。

这些马、豕、兔（ ）、象、虎、犀牛等等何以一个个站起来呢？答案再无趣不过，许进雄的答案是受到书写工具的制约——彼时甲骨文的主要书写工具乃是日后沿用的竹简,以毛笔沾墨汁书写其上,正因为竹简狭长形态的制约,中国这些寻常兽类只好虚拟地走上梦幻的进化之路。

有关甲骨文的书写工具问题,许进雄有各种角度的漂亮证明,好奇的人可直接去买《中国古代社会》阅读,这里,我们只摘出甲骨文宛如目击证人拍照的部分——"聿",笔的原形字,是人手持毛笔的画面;"书(書)",拿毛笔沾墨汁的画面;"画(畫)",持笔画出图样,最早可能和织布有关;还有,我们已见过的"建",气魄十足地进行大路兴建规划工作。另外,"册",最早代表书籍的字(闽南语今天还这么念,"读册"),标准用绳子穿成的竹简模样;"典",重要的书籍文本资料,双手恭敬捧着一叠竹简的模样;然后是"删",弄错了要予以去除的意思,是书册之旁再放一把小刀,这小刀不是刻字用的,而是拿来削去写错的部分重写,也就是最早的橡皮擦、立可白云云。

这其实非常非常合理,制造业不发达的彼时人们,所选择的日常书写工具,必定得是方便、易得、取材不虞匮乏的自然材料,所以古埃及用纸莎草,印度用当地某种大树的大叶子,古巴比伦遍地黄砂,则用水和成泥版在上头写他们的楔形字——相对来说，牛的肩胛骨和大龟的腹甲实在是太昂贵太昂贵的珍稀材料，也正是它们的珍稀难得才保证了它们的神圣力量，而成为权力拥有者独占的问卜工具，问重要无比（掌权者以为）的国之大事，事实上，在《左传》中还有灵龟国之重宝引发觊觎的记载，而周代的蔡，据说就是负责保管掌理周天子占卜所用龟甲的重要诸侯。

如果甲骨文时代的一般性书写工具真的是甲骨，那我们得祷告千万别出现像托尔斯泰这样才华洋溢、格局恢宏的大小说家，否则一部《战争与和平》还没写到拿破仑出兵攻俄，中国的牛只和乌龟就已宣告绝种，我想谁都不乐见这样的情形发生。

好，用竹简，但竹简为什么不能摆横了来写呢？事实上许进雄也跟着这么问，但没为什么，事实上就是没有，彼时中国人二选一决定了直式书写，这个任意的、随机的结果，相当程度制约了往后的字形发展，也相当程度制约了中国人往后数千年的书写习惯，甚至在发明了其实可以高兴怎么写就怎么写的纸张之后，仍乖乖地由上而下由右至左，甚至还仿昔日竹简画上垂直线条自我设限（如十行纸、笔记本等），一直到西风东渐洋文已传入多年后的今天，横式书写才在宿老凋零殆尽的情况下缓缓抬头，不再被斥为异端媚外。

托尔斯泰的历史图像

随机的、任意的选择，以及选择成立之后的有效制约，或应该更正确地说，众多的、无法追踪记录掌握的随机选择，以及因之而来无法追踪记录掌握的有效制约，在如此麻烦景况下蜿蜒前进的文字发展轨迹像什么？我们刚刚提到托尔斯泰的《战争与和平》一书，也许真的最像托尔斯泰在这部伟大小说中为我们揭示的人类历史图像。

在《战争与和平》中托尔斯泰为我们揭示一个谁都茫然的战争图像，战争太大，人太小，即便你亲身参战，但战斗一起，左边不知道右边，前面不知道后面，所有的人，所有的机遇，所有的瞬间抉择全参与了作用，谁也没能力看到、听到、记忆到、记录到、串连到足够的可用资料来建构正确的认知，从而做成正确的解释。不管你是白刃交加的第一线士兵，因为你只被那寥寥几个想杀你的敌人困住，救死不及，无暇他顾，也不管你是统率全军的拿破仑或库图佐夫，你真正管得到的就帐篷里那几个一样焦急无知的幕僚,你只能等待战斗的结果并名不副实地一肩承受,战胜的荣光,或战败的屈辱。

甚至,战斗收场的胜负判别往往也是荒谬的。双方旗鼓相当,杀敌人数也可能相当,但忽然一方"觉得"自己打输而败退,另一方忽然看到对手逃逸而本能地乘胜追击,输的人不晓得自己怎么输的,赢的人更茫然自己就这样赢了。

托尔斯泰相信因果,每个人、每个偶然、每个当下的抉择都参与了、制约了最终结果,但因果之链存在,却不等于我们可以弄懂它,因为原因的数目无限大,而每个个别原因的效果又无限小,因此,历史唯有通过这无限原因的"积分"才可能明晰。但这又是做不到的,历史不是数学,你无法搜集、记录、整编这无限大的原因加以运算,而且每个原因又是不等值、不均匀的,无法建立算式。

从托尔斯泰这样"腐蚀性极强"(以赛亚·伯林说的)的历史怀疑论图像,可跳接百年后坏脾气哲学家卡尔·波普尔的结论:任何自称找到历史规律、知道历史必然走向的人,要不是个疯子,就一定是个骗子。

生病的意符

说到疯子骗子,这里打岔一下,我们习惯听说也习惯跟着说这样的文字归纳性解释:"子是男子的美称",因此,孔子是美好的孔姓男士,庄子是美好的庄姓男士。这没问题,但准此要领,那是不是说疯子也就是发神经异想天开的好男儿,而骗子则是爱说谎爱编不实故事的可敬男性呢?除非这用来指称以想象力为体、以编故事为用的可敬小说家如张大春才差堪成立,否则所谓的"美称"可能是不尽然的,此外,还有痞子、傻子,以及已经涉及人身攻击的秃子、聋子⋯⋯

因此,我个人宁可相信,在最原初,子就只是男性的泛称,甚至更素朴更广泛的,人的基本泛称(造字用字,的确如女性主义者所指控的,有甚多男性观点主宰之处,比方说"人"的造型不管或立或卧,⺅或⻌,都暗示了男性,女性则要特别另创造型,摹写成 ,这是彼时的历史实然,文字只负责留下罪证而已),不必然表达敬意,也不必然心怀鄙视,然而在历史的长期使用过程中,一部分"子"字遇到好人家向上提升,另一部分命运乖蹇向下沉沦,一个红海两边分开,遂有好子,也有坏子。

文字发展,便在如此有效因果又随遇而安的作用下,不可能测准,甚至制造笑话而习用不知,你可以斤斤计较,像个讨厌的人(比方说"好好先生"明明原来是骂人的贬词,你怎么可以用来恭维可敬的自家父亲和国文老师呢?),也可以沿用不疑,做个快乐的猪。

这里,我们再来看两个形声意符的意外转向,两个都不是我们太喜欢的"部首",生老病死,人生永恒而真实的苦难其中两大项,生病的"疒"和死亡的"尸"。

有关"疒"的字,我们其实一大早就见过一个,那就是"梦(夢)"( ),睁大眼睛在睡觉时还看到东西的人,这个"疒",在最早的甲骨造型其实摹写的就只是一张有床脚的床而已, ,后来才补上"木"的意符而正式写成"牀"或"床"——这里,因为文字线条化演进的偶然结果,后代的我们遂看不到"梦"字里头的 成分,一如"牀"字也同时演化成"广"字边的"床"一样。

梦是不是病呢?或说有没有疾病的暗示,在弗洛伊德出现之前?可能有此联想,但更主要的,可能是神秘的、启示的宗教性洞见或预兆,这大多人谈过,不在这里麻烦。这里,比较明确的桥梁仍是具体的床本身,在甲骨文中,"疾"字的造型基本上有两组("病"是形声字,出现较迟,亦未在甲骨之上现身):一是中箭,🯄;另一组比较精彩,以床为基本场景,躺着各形各状冷汗或鲜血直流的人,如🯄,以及怀孕的女人,🯄。

然后,这个卧病于床的人可能就此挂了,遂成为另一个甲骨字的这款模样,🯄,"葬"字,当然,床上的死者是已经符号化的朽骨替代尸身,不真的把人置放到如此地步不加处理。

甲骨文时代,在床上的活动记录差不多就这么多了。挣扎的梦、卧病的身体和死去的人,大概也因为这样,文字中🯄这个意象遂沾染着相当程度的不详,暗示着痛苦和死亡——于是,一张静止的床,半合理半魔幻的,成了中国人肉身变异、衰竭、死亡的象征。

这个今天我们很可能得说"病字边"人家才听得懂的"疒"形部首,字典里正确的读音仍忠实地念成"牀",它的形声新字在周代的篆字大量出现,随便收集都有好几十个,包括劳累的"疲""瘏",各个不同部位化脓生疮的"疕""疡""疥""痔""癕",长疳子的"痱",顽癣的"疣",疖子的"痤",头痛的"瘖",腹病的"疛",热病的"疢",寒病的"痒",关节炎的"痹",肿瘤的"瘦",无伤口肿起的"疠",创口愈合不了的"痄",恶臭之疾的"痼",酸痛的"痟",当然也有不幸中之大幸的小病"疵",更好的病愈逃过一劫的"瘥"和"瘳",此外,也还有一堆不好追踪,但并非不能猜测的病名和疾病相关文字如"瘠""瘵""瘰""瘟""疥""癃""痔""瘩""瘢""瘫"……

绝对不是说周人比商人体弱多病,这只是医学有了长足进步的直接证据,尽管我们很容易注意到外部之疾远多于内部,对病征的注视远胜于潜在病因,但总比甲骨字的卧床等死强一些。

更命运悲惨的意符

更倒霉的,相较之下,是"尸",中国文字中最命运乖蹇的意符。

"尸"字本身大致有两种解释,一是很高贵的神像神主。尽管祭神如神在,但面对虚空而拜终究有点无聊,因此就连最痛恨偶像的基督教都要偷渡个符号性的十字架，乃至于具体的耶稣受难雕塑什么的立圣坛之上，让膜拜者情感得到焦点。尸便是这个，由人替代神杵在那里，供人祭拜，但基本上它只是祭祀用标竿，不是乩童那种三太子、城隍爷附身得来点马戏团特技什么的，这个安静站好的替代品什么也不必做，大概也因此才演绎出"尸位素餐"这句今天我们仍时时拿来恭维政府官员的成语；"尸"字的另一种解释很简单，就是尸体。

得胜的是哪一个呢？常识来看当然是简单的那一个，死亡的那一个——傻傻地当神像神主这个祭拜传统逐渐不传（老实说，这种以活人扮演死者的仪式行为，本身也多少透显了死亡的意象），"尸"的神圣性解释当然也就跟着隐没了；倒是"尸""屍"同音，字形又一脉相承，因此不管是异字同音的自然而然简并作用，或是较难写的"屍"字以较易写的"尸"字为书写简体，总而言之，死亡赢了。

但天可怜见，这绝对是意外，绝对不是原意，我们从甲骨文的原始造型（如"尾"字）来看，这"尸"明明就只是个人而已，和其他字的人形没丝毫不同，一样顶天立地，好好一个活生生的人。

其实，我们从文字演化的实际成果来看，"尸"的符号意义，并不真的就是死亡，死亡是它最终的单字意义，以及我们对这个字从声音到形态的自然联想。"尸"字的符号意义，难以名之，姑且可称之为"人身的形而下部位及其产物"。

"尸"字符号的真正霉运不是成为一具尸体，而是求死不能，一路直往溷厕污秽之地坠落的际遇。我们知道，有人形符号的字在甲骨文中大约是数量最大的一组，而在演化到篆字→隶字→楷字时，别人大体都顺利变身为"亻"或"人"形，也有相当一些化入其他线条中消失不见（如"昏"字，，我们见过的，原来那个仿佛一脚踩住太阳的气概万千人形，演化成为"氏"字），就只有寥寥这么几个孤独走这道路，幻化为"尸"（→→→尸），偏偏变成"尸"的字不雅的比例相当高，"尾"字说来已经是其中很文明的了，等而下之，有器官组的"尻""屌""屄"等，以及排泄组的"屁""屎""尿"等。

众恶归之，"尸"形符号当然没得罪谁，搞鬼的仍是那一个，文字演化中随机的、偶然的无尽意外。

奇怪的字　　247

文字的离心力量

偶然，乃至于错误的不稍歇渗入且不断对文字的发展起重大作用，这是文字本质里的邋遢成性，但也是文字的自由——有洁癖、太讲求秩序的人，基本上，很难忍受成为一个自由主义者。

文字是建立于共同记忆的符号，由因之而生的契约而成立，它的确有爱干净、寻求秩序分明的天性。这个明朗而且生活习惯良好的部分，构成了文字的坚实核心，也是那些爱干净、爱秩序的文字使用者（比方语文老师，他们所学、所负责的便是文字的每日清理打扫工作）最珍惜的所在，因此，能力所及，他们会在课堂不断教导纠正我们哪个字其实是错的，意思不是这样的，不该这么念的，不该这么写这么用的，还会利用个人的闲暇投书报纸来指摘来呼吁。而且，每隔一段时日有其中某人或某一部分人掌权时，往往便会促生一次文字的全面统一工作（如秦朝小篆的"书同文"，这我们在往下《简化的字》一章时再谈）。这种隔一阵子来一次的文字大扫除是必须的，不过度刚愎肃杀的话也是好的，让符号和意义的关系再确认，文字稳定、放心，像复杂道路网络整理出清楚的标示，开车驰骋于意义之乡的人不迷路。

但扫地的人都知道，扫干净了仍然还会脏乱，这种事没一劳永逸这回事。

正常的文字总体图像差不多总是这副样子：一个可靠、秩序井然的坚实核心，外围一圈模糊、紊乱、屡屡是意外和错误的灰色地带，不是谁要它长这德性，而是因为文字得永远是未完成的系统，以此衔接着更外头那个永远在生长、永远处于流变之中的总体现实世界，那个意义的混沌大海。文字的界线，如我们谈过的，只能是半透明层，因此，在它努力汲取意义之海的资源维生同时，也就得一并承受意义波涛的持续拍打冲击，就像讨海生活的人家——有点常识的人都晓得，保留邻海这一圈空地任它自由荒芜是必要的，傻瓜才想占领它盖房屋别墅，那叫作明白而立即的灾难。

而这圈不强加占领的自由土地，尽管有凶险（看报纸我们知道每年总要卷走淹死定额的玩水之人），却往往是最美丽、最吸引人来的地方，生态狞猛但复杂强大，因此生意勃然，辛苦劳力讨生活的人来，弄潮嬉闹的人来，谈恋爱的人来，无事游手好闲的人来，实在厌倦于拥塞沉闷城居生活、不想再满眼人工建物的人来，也许还夹杂了少数较敏锐较勇敢的研究者于其中——我们稍稍站远点看，就很容易看得出来，它包围了坚实的文字核心，仿佛一圈似成形未成形的光晕，非常漂亮，像凡·高《星空》那般旋动流转。

自由是什么？自由是保护偶然和错误的，而不是保护秩序的。自由一方面是怀疑论者悲观主义者，它根本性地怀疑秩序的终极能耐，打死不相信谁能预见未来一切变化，从而先画好完美秩序蓝图等在那儿；但自由另一方面却乐观勇敢且体贴入微，它肯定偶然和错误的价值，它勇敢进入偶然和错误的风浪之中，捡拾几乎只在偶然和错误之中生存的想象力，并转身慷慨赠予它所不信任的秩序，以为他日更好秩序更新生长的建构材料。

这就是文字系统的离心力部分，相对于文字系统的统一向心力并予以平衡。没有这个自由的向外离心力量（假设的，不会真的发生），文字会被森严的秩序统治而不断内聚，这像垂死星球的重力缩陷现象，不断往内缩陷，从而又不断增加引力产生更大的缩陷力量，最终，就连宇宙中最轻灵、最自由的光子都无法逃逸，这就是我们都听过的"黑洞"，完全无光的所在，满天星体中最可怖的现象。

全世界最美丽的尾巴

自由和完美绝不相容，因此文字统一工作背后所隐藏那个完美文字的终极奢望,于是也绝不可能——文字是一个不会有终极完成的符号系统,只要时间还在发生作用,外面的世界还更迭变化,意义的海洋一天不枯竭不静止,文字便得保持开放,继续尝试(并犯错),继续做事情,不能关门休息。

而文字核心的统一部分,恰好是文字系统中"暂告完成"的静止部分,要用静止的文字去对付奔流不息的意义,这不就是"刻舟求剑"的老故事吗?——这个由傻瓜实践出来的聪明故事(你看,傻瓜会为我们带来这么好的故事,没骗你吧),为我们揭示一个有意思的画面,那就是,文字系统像一艘平稳不易察觉、漂流于意义大海的船,你试图在移动的船身刻下固定的记号,只因为我们并未察觉,在那一刻我们事实上已同时动身离开。

要如何对付移动中的意义如捕捉一只振翼而飞的鸟呢?首先,你就得让文字也跟着动起来不可。这至少有两个面向,一是文字本身的轻灵弹性,不能要求它拖着沉重的装备,既成的文字成果供给它材料,但发现合用趁手就勇敢拆下来,因为你此刻的身份是猎人,而不是博物馆管理员;一是文字必须保持在现实世界之中,保持在意义的第一线,在这里,你才能找到如卡尔维诺所说的,点燃意义的火花。

火花是个很好很准确的意象,为什么?因为文字终归不相等于它所表述的事物、概念和意义,文字只是线索、谜题、痕迹和密码,功能就像炸药的引线,你在这头要能打得出火花,那一头的意义才能灿亮爆炸开来。

文字只是线索、谜题、痕迹和密码,这些玩意儿都只是为着引导解开最终的意义而存在,因此,它不仅不需要视为神圣,更是可舍弃的——我们喜欢甚至尊敬并学习好的文字,从这层意义来看,是因为它是好线索和好谜题,精准打出彼时的火花,我们倾慕的正是这份富想象力的聪明。但在漫长的解码猜谜过程中,如果它赖以成立的共同记忆部分,已因现实情境的改变而流失、湮灭、失忆,让线索中断痕迹不再可辨识,那你就得换一套人家猜得到的新线索、谜题、痕迹和密码。

唯名论的毛病便在于跳过了文字的线索意义,直接误认文字就等于指称的事物本身,于是谜题遂不可更动不允许替换,迟早上了神圣的供桌,这正是文字的异化——而唯名论的预备军,正是那些清扫文字久了、相信哪个东西一定只能置放在哪里才叫"纯正秩序"的顽固之人。

被广漠无垠意义海洋包围的小小文字孤岛,不断遭受意义波涛的拍打侵蚀,也不断听见意义潮声的召唤。它的工作多且沉重,往往力不从心(这不必看张大春揭短文字的一篇篇小说,我们都知道文字是个满身缺憾的符号系统),步履紊乱在所难免,它需要的东西可多了,至少包括勇气、坚毅和想象力,而不只是满口怨言、絮絮叨叨不停的负责扫地之人而已。这些扫地的往往不晓得,他们所誓死捍卫的美好成品和秩序,是很久很久以前一些勇敢、自由、富想象力因此不可能太爱干净的人捕猎回来的,他们当时在捕猎的间不容发时刻,耳旁可能也一样响着"纯正文字""纯正文字"的烦人声音。

就连我们这个愈看愈漂亮的 人 也是如此——这谁都知道是假的,是错的,纯正的尾巴哪长这里,哪长这样子。但这真的是一条好尾巴,有卡尔维诺要的火花,一下子就抓住你眼睛,全世界再难以找到的一条最美丽最独一无二的尾巴。

11 简化的字

$$\substack{麤\\麤麤} \to 塵 \to 尘$$

上头这三个字基本上是同一个字,差别首先只在使用它们的时间不相同,到目前为止,中间那个"塵"字我们和它相处最久,但也许最后那个大陆简化的"尘"字会后来居上也说不定——我们应该可以讲这是"尘"字的过去、现在和未来。

其次,它们的差别在于我们一目了然的笔画问题:过去高达三十九画,现在是十五,而未来只有六——这使我想起小学时的一则笑话,说两个捣蛋的小小孩被老师罚写自己姓名一百遍,其中一个马上"哇"一声号啕大哭起来。老师说:"他都很勇敢不哭,你哭什么?"哭小孩悲从中来说:"可是他叫丁一,我叫欧阳宏耀。"是的,人生而不平等,包

简化的字

括姓名笔画在内。

最该号啕大哭的那个"麤"字我在甲骨文中没找到,但我几乎敢勇于断言这绝对是当时就造好的字,只有那个时代的人才会把字给造成这副鬼样子,这么难写,以及,这么漂亮。

只有那个时代的人,有疏阔的时间刻度,闲着也是闲着,一辈子难能写大字几个,才可以好整以暇地用一整幅画,只为传达这一个字的意思——我们说过,这自由不羁的鹿,是彼时人们美丽的象征,三头大鹿这样同时受惊撒腿奔跑起来,这样震撼而且生动的画面,若说要传达的是"飞尘(塵)蔽天"的壮丽意思便也罢了,但如果搞了半天,要我们看的只是悬浮在空中的微粒状小尘埃,说整幅画的视觉焦点就在这里,这实在有点太扯了。

这里,让我大胆来权充那种绘画技艺周全,但没名气可能也没足够原创性的某某画家,帮忙修复《最后的晚餐》或某一幅被神经病疯子泼油漆或用刀割裂的名画一般,也把这个遗失的甲骨字给重建回来,应该大致是这个模样吧,🦌——我想,这是一幅记忆之画,而且猜测应该出自于某一位敏感且有运动家气度的失败猎人之手。狩猎追逐(逐,🐗,猎者脚步紧紧跟在一只野猪之后,当然,正如我们讲过的，追赶的猎物可代换为象和鹿等其他兽类）那说时迟那时快的电光时刻，是不可能暂时停格下来画好再继续追捕；而如果追捕成功，从人性来说，胸中的画面又会被丰收的极乐景象给 update 掉。因此，便只有最终眼睁睁看着三头美丽大鹿绝尘而去，这个景象才驻留下来，魂萦梦系，而且非告诉别人，甚至想办法有图为证，否则那几天就难吃难喝难睡了。

在我们小时候乡下，每个人都有几条差点钓到、甚至拉出水面看到它样子才脱钩掉回河里去的鱼，这些令人扼腕的鱼据悉总是最大的，每个钓鱼的人心版中都拓印着好几条这种传说中的鱼。

但对于后来并没参与创造的，只跟着依样画葫芦的文字使用者却不是这么回事，他们所能分享的不是昔时的美好图像，却是咬牙切齿的书写麻烦，甚或号啕大哭的书写惩罚，看来这最好解决一下——反正不管是飞尘蔽天的壮丽景象，或仅仅是名词指称的颗粒状小尘土，单一只鹿没命跑起来难道尘土就不飞扬，为什么非要搞个三鹿成群不可？这里，理

简化的字

性得胜，感情退缩回幽黯洞窟之中，于是，一只鹿的"麈"字遂正式取而代之。

再然后，时间飞也似的来到一九四九年，大陆遂全面性地简化文字。这回，还是不怎么好写的"麈"字也没能躲过，这只幸存了上千年的鹿遂成为简单会意的字"尘"，小小的泥巴粒子。

其实每时每刻在进行

"尘"字的一字三折，套句名小说家张大春的用语，只是"一个字在时间中的奇遇"，以此作为文字简化的样板，其实文字简化绝非这样千年一次的时间跳跃行为，毋宁是绵密的、随时随地发生的，概念上比较接近连续而不是暴冲；此外，作为文字一员的"尘"字也不是什么得天独厚的文字简化选民，而是和其他所有文字伙伴并肩走上一去不返的历史简化之路，最多只是大家运道不同遭遇不同，简化得并不均匀而已。

因此，"麤"→"麈"→"尘"无疑是个太过简易的方程式，至少至少，我们其实应该把它强化成大致这个样子：

𡳿 → 𡼑 → 𡼄 → 塵 → 塵 → 尘

　　如此一来，我们便看到中国文字的几个简化大阶段了，其中 𡼑 是两周的大篆，图像开始向线条演化了；再来 𡼄 是战国到秦代的小篆，线条开始均匀起来，条理化起来，好像线条已找到自身的美学形态，隔离了实像；再来 塵 是秦汉之后的隶书，曲线基本上已拉直成横线和直线，出现所谓"蚕头燕尾"书写方式的偏扁形字体；而"塵"则是魏晋之后的真书，也就是楷书，更就是台湾地区持续使用中国文字的我们，到目前为止所认准的"尘"字正体。

　　"实像"→"曲线构成"→"垂直/水平构成"，这和荷兰知名抽象画家蒙德里安的演进方式完全一样，他的"树""教堂""风车"和"海堤与海"系列无不如此。

　　然而严格来说，这些大阶段的文字简化分割，基本上都是追认性质、整理性质的，文字的简化，是先在使用过程中自然且连续性地发生，到差不多已转变完成，才由政治、社会的掌权者予以正式确认，必要时，并颁行新字体的标准版本，来一次必要的统一。

　　包括我们印象里最有统治自觉的、最使用政治强力的秦朝"书同文"文字改革，也是整理的性质大过于创新——秦的小篆改革，之所以比较特别，主要是多了一种历史的偶然原因，那就是西周的武装殖民扩张政策（诸侯分封），到几百年后的春秋战国割据分立，使得原先虽不严谨，但基本上同属一支的文字，隔离性地各自线条化数百年之久，因此，到得战国后期，已明显看得出各国的差异了，比方同一个"马"字，我们今天可看到的景况便是——

（秦） （齐） （燕） （楚） （三晋）

面对这个逐步扩大，但尚未构成辨识性困扰的文字差异现况，以战胜国之姿君临天下的秦，当然非要做点事不可，于是他们当然以秦的文字为主，要大家向中看齐——后来我们把小篆看成秦相李斯的纯发明，并以此整体构成秦始皇贬古重今、把传统一家伙打烂丢弃的革命形象，至少就文字这面来说不全然是事实，我们可以相信主事的李斯有某种程度的判断和调整自主空间，加进某些自己的发现创造是可思议的，参酌某些其他各国的文字演化造型或灵感也是可思议的，毕竟李斯是个有相当实力的书家（彼时文字学者和书家应该是二而一的、不分割的），他亲笔的泰山刻石小篆，那可真的是漂亮得不得了的字。

但无论如何，这不是全然由上而下、行于社会的实况和需求之先的改革，更不是意识形态主导的改革。秦的文字改革绝对有现实的迫切需要，而这需要的确是以文字自身为主体的。

埋于自身的种子

简化其实时时在进行，处处在进行，那是因为文字演化结构性的无可避免，我们仿马克思的句法，文字自身即埋藏了自我简化的种子，它就是自身复杂性的掘墓人。

埋藏在哪里呢？埋藏在文字扎根所在的共同记忆土壤里——我们谈过，文字是脚印，是痕迹，是线索，是密码，如果共同记忆这个部分堆积得愈多愈广，我们所赖以解码的线索需求也可相对地降低，而文字在实用过程中，本身就为使用者堆叠了更多的记忆，从而更节约更快速地完成沟通，因此，除非尚有其他目的（审美的、夸示的），否则书写者不用精致费事地去画三只鹿，观看者也不用傻等那么长时间才看懂你要干吗，这种文字使用自身所必然形成的你知我知掌故，也就必然驱赶文字的持续简化、线条化、符号化。

因此，文字的由繁趋简走向是普世性的，每一种文字系统都一样，简到什么地步呢？简到就符号本身已发生混淆，得靠情境和上下文的线索辅助，才能堪堪支撑住解码需求的地步还持续进行不休。比方说英文世界的字首缩写简化方式便在近几十年内大量且加速地出现，你得仰靠其他配合文字的辅助乃至于文字外的线索（语气、表情、个性理解、日前的谈话、存款数字的变动与否、信用卡账单等等），才能知道你家老婆大人所买的 CD，究竟只是几十（夜市盗版）、几百（店里正版）块钱的新歌专辑呢，还是大家得坐下来恳谈一番说好下不为例的昂贵克里斯汀·迪奥的某套装某皮包某名家设计珠宝？

这个普世性的文字简化趋向，也一样在每个文字系统促使两种甚或两种以上繁简不同书写方式同时并存的现象——比方说，古埃及文便同时存在三种书写方式，最麻烦的一种希腊文称之为 Hieroglyphic，意思是"神圣的"，主要使用在庙宇、纪念碑或坟墓壁上，这是最美丽也最费事的图形字体，目的不是要传递日常信息，而是虔敬、美观的展示性需要；其次一种希腊文称之为 Hieratic，意思是"教士的"，使用于纸莎草的书写上，可能因为主要是宗教性的祭文或赞美诗，这是较简化较快速的行书字体；最后一种希腊人称之为Demotic，民间的、大众的，出现的时间稍晚（堆叠文字自身掌故的必要延迟时间），字体也最马虎，看起来只是凌乱不堪的点线而已，这就是古埃及文的通俗字体，用于一般的行政记录文书上。

中国也这样，小篆和隶书重叠相当一段时日，主要是秦的大征服行动和苛刻法令，在短时间制造出太多奴隶来，迫切需要一种更快速更简化的书写字体来应付日常文书作业，这就是隶书之所由来和得名的原因，是小篆统治时代的通俗字体并在他日扶正；另外，在楷书为主体的阶段，中国人同时又发展出书写起来更快更方便的行书和草书，就像古埃及的三种字体并存一般；还因此促生了东邻日本的两套字母系统，规矩板正的片假名，用于庄重的专有名词，以及稍后出现可龙飞凤舞的平假名，用于日常书写。

两种逆向行驶

这里，我们得稍停一下，解决一个小问题，那就是在文字简化不归路上的一次例外反挫，以及因中文造字方法变化所意外带来的由简趋繁逆向潜流。

今天，我们所看到中国文字中最难写、最图像化的阶段，其实不是甲骨文，而是以西周为主体的铭文金文，其中有相当多的字简直是返祖性地又画起工笔画来了。

比方说甲骨文中作为装酒容器的 ▽ （"酉"字），在师西簋上的金文 ▽ 就好看多了，纹路漂亮，线条的弧度也柔和自然。

比方说甲骨文中的鱼， ，刻画的只是个不至于辨识困难的鱼形而已，但同样是鱼我们来看凤鱼鼎上面的， ，身上的鳞片，胸鳍和腹鳍，头和嘴的构造等等一应俱全，而且还画鱼点睛。

还有我们已看过的车子，这里挑一辆甲骨文出品最豪华的， ，但到了买车舥上则成了这么一辆， ，或者是来自叔车舥的另一辆， ，三辆车并排停一起，真是裕隆速利1200和劳斯莱斯以及奔驰的对比。

但，干吗走回头路呢？

其实从上述古埃及文字三种字体的讨论中，我们不难同理猜到可能的答案——铭文金文是刻在重大青铜器上得以留存下来的文字，这不是正常的书写，而是表功、分封、权力的移转灌顶所用的，因此，它考虑的不是文字的素朴表述功能及时间的节约考量，而是展示、夸耀，甚至刻意地愈繁复愈好，这才配得上辛苦铸成的青铜宝器，也才能和日常书写分别开来，让人一看就晓得是神圣、郑重且不常有的大事发生。这正是文字穿起燕尾服、戴上高顶礼帽参与权力大游戏的乔张做致。

所有的神圣游戏差不多都是这么玩的，它不容改变，而是存留最原初的模样（因此铭文金文极可能部分展示了甲骨文之前更古的文字造型）；它不要方便，甚至刻意地烦琐，烦死你为止，好像人不因此吃点苦头便不足以彰显你的虔敬；它就是要浪费时间、浪费到你心痛甚至妨碍生计也在所不惜，你的寸阴寸金不花在此事难不成还有哪里更神圣的用途吗？

事实上，古埃及负责书写这类神圣文字的书家，还会因为整体美学的配置平衡考量，不惜破坏正常文法，略去某个字母，垫进无意义不发音的符号——文字在这里是祭品，牺牲正是祭品的别名，没什么好说的。

此外，铭文金文的书写空间，是准平面式的铜器表面，既实质性地解放开竹简的狭长形态制约，在心理上又不受制于因此而成书写习惯的狭长字体,因此,它奔放开来,是长是扁是直线是弯弧,但以美观为依归。

因此,铭文金文的趋繁反挫行径,其实并未逸出我们对文字简化的基本理解之外。它是特殊用途,因此特殊手工打造而成的神圣文字,在它如孔雀般缓缓亮起羽毛同时,周代人在竹简上心平气和书写的,仍是持续简化中的凡俗字体。

至于文字变化的趋繁潜流,我们指的是形声字的新造字方法,这是一种把既有文字当积木玩的堆叠式方法,二合一当然会让文字笔画升高,像"鞭""璐""挞(撻)""濒(瀕)"等等,但还好堆叠不会无限制地进行下去,毕竟声符的表音部分是可自由选择,造字写字的人也没必要自讨苦吃找难写的,我们从实际的造字成果来看(翻翻字典就可以了),堆叠大致停在最多三层的地步如三明治,因此事情远比想象中的不严重,一些笔画最多最整人的字,事实上并非形声字,而是更早的象形字或会意字,只因为当时他们无须太警觉时间(有更多时间和更少的书写机会),只专志尽力表述自己心中的淋漓图像就可以了。

比方说"铸"字,甲骨文就画得极仔细,⿳,是双手把熔好的金属溶液倒入容器之中;或者像烧火煮东西的"爨"字,这个字甲骨文没留下来(应该有),我们只能看小篆,⿳,

很清楚，下头是手持木材生火的画面，上面还有双手料理煮物的图样，巨细靡遗。

不成立的算术

相较起来，大陆这最终一次的文字全面简化作为，于是显得很特别——最特别之处在于它其实不像因势整理，而是大刀阔斧的主动出击。

直截了当的原因当然仍是时间，认真学习的时间，书写使用的时间，涓涓细流汇为百川，百川东注成汪洋，数亿人口这样子聚沙成塔下来，听起来是很动人的加法演算。

但加法再动人，光这样素朴的时间节约观念，中国人古来至少讲了上千年，老实说绝对不足以支撑起这样排山倒海的空前壮丽行动，还得有其他更多理由、更多胸中怀抱的加入不可，非得有更强力的意识形态为这个作为行动标的物的"时间"加以革命着色不可。

时间，最简单的革命着色方法，就是这样一个历史时间

表：过去的历史解释、未来的进步天国，以及如火如荼的革命当下，串成一道时间的必然法则，时间，唯有被纳入这条单向的线性路程，才得到意义，才成为革命的重要盟友、革命的重要资源。盟友或资源，就算只有一分一毫，哪是可以浪费遗失的呢？

简化前简化后，究竟能实际地省下多少时间呢？这不容易算准确，最直接原因便在于每人书写速度不同，每天书写的字数不同，因人而异。就以我个人这样，朝九晚五在出版社当编辑，每天又得写三千个字左右（实际可用的写稿字数加废稿）的人来估算，我因简体字所省下的时间，一辈子加总起来，大概还不够让我睡一场"睡到自然醒"的午觉——更何况，从实际行为来说，我们写字真正所耗用的时间，常常不取决于你的书写速度，而是思考速度，因此，少个两笔三画通常毫无意义。

更何况，我们日常书写，鲜少乖乖地一笔一画写正楷体，我们用的本来就是自然简化后的行书体。

午睡不足的时间要怎么让它变大呢？最直接就是在乘数上动脑筋，把它乘以大陆数亿人口就一下变得很大了——但这种变大方式有意义吗？可利用吗？还是只从不够一个人睡一场午觉变成不够每个人睡一场午觉而已呢？懂热力学第二法则的人都晓得，当能量均匀散落在广大空间时，能量往往是毫无意义的（不是不存在），原因是你无法有效回收，或者说回收这些能量你得耗用远大于如此所得的能量，也因此，这条著名的法则才令人沮丧，甚至说明宇宙末日的必然存在，只是我们等不到而已。

还好另有一个更大的乘数存在，很方便就在手边，那就是——当我们把文字简化想成是一劳永逸的革命，是我们这一代辛苦一次，可"子子孙孙永宝用"（"子"，头长三根黄毛的小儿；"孙"，挂小儿臂膀上更小的、还不成个人形的"小儿的小儿"，很幽默的一个造字），这个乘数就因永恒而成为无限大了。我们都晓得，乘数无限大，被乘数只要是大于零的正数，不管多微小多看不见，积也一定是无限大，这是历史上的革命家、宗教家玩不厌的数字诡计，奉永恒之名，所有当下的不合理都自动成为合理。

"在永恒面前，这一切算得了什么呢？"这是一代投手贺侠舍在创下大联盟棒球史上最长不失分纪录后的虔敬谦卑之言，面对永恒，我们于是也不好再斤斤计较，尽管我们知

简化的字

道其间有很多漏算，包括不使用文字的众多文盲没因此省下时间，得整笔扣除；包括所有使用文字的人得重新学习，先就得投资一大笔可观的时间；包括所有过去的文字资料都某种程度密码化了，需要转码转译的大量功夫……

然而，永恒有来吗？没有，来的是电脑，才不过几十年时间，用笔书写的文字，逐步被按键输入的电脑文字所替代，笔画的繁简多寡遂失去了意义——对那些相信自己掌握未来的人而言，历史永远是爱开玩笑的小恶魔，但历史如若有知，可能也觉得纳闷，怎么搞的教训你们这么多次了，你们怎么总是学不会谦逊，学不会为不透明的未来留点余地呢？

于是，如火如荼的文字改革，其成果遂和同样如火如荼的大炼钢、深耕密植一样——其实若真要省大笔时间，哪需要动文字脑筋，最简单、最正常、最不伟大地做好日常管理工作就行了，从怠工、喝茶、聊天打屁、午睡等等，把流失在其间的大量时间叫回来，节省下来的何止文字简化的万倍兆倍（绝不夸大）。也许，革命家的定义就是做大事不做小事的人，和我们这些极可能一辈子碰不到任何一件大事的凡人有分别。

文字与莱布尼茨

　　文字简化成效没有，但成果已成历史事实，再难以逆转回去。

　　在这方面，文字是没什么风骨可言的标准"西瓜党人"，趋炎附势，永远选大边的站，如果说十几亿的绝大多数中国文字使用者投简体字的票，那简体字就是现在到可见未来的主流民意，文字就向着这个转向。

　　这是中国文字的空前浩劫吗？倒也不需要这么想。我们晓得，文字发展，始终不保留地正面开向历史的偶然机运，这个偶然机运，包括了众多的任意武断乃至于错误（误想、误解、误读、误写、误传……），合理的东西对它有意义，荒谬的东西它一样吞下化为发展材料。真的，煽情一点来说，文字是极坚忍世故的动物，在蜿蜿蜒蜒的长时间历史蜕变存活过来，它一点也不脆弱，看过的、参与过的、直接受创过的历史大场面可多了，保证它比你坚强，而且还一定比你长命百岁，你得善待它，不是因为要保护它，而是只有这样它才开放给你最丰富的讯息；你苛刻它，老实说也于它无损，你只是封闭了自身程度不等的沟通渠道，有些话它因此不会告诉你，变成呆子笨蛋的也不会是它，而是你。

如果要在历史的实存人物中，找一个性格和行为方式最像文字的人，我个人想到的是启蒙时代最聪明但也最狡猾的莱布尼茨。相较于正直、坦白无隐，但笨，因此饱受宗教迫害的同时代哲人斯宾诺莎，莱布尼茨是标准的软体动物，表里完全是两个人。现实中，他依附教会贵族，写不痛不痒的烂文章，完全是不入流的御用学者样子，但私底下，他睿智、坚强而且数十年思索著述不懈。几乎所有莱布尼茨的重要著述都以遗稿的形式和世人见面，而他的诸多洞见完全超越了启蒙时代的规格，比同代任何认真聪明的人走得更远，而且何其远，两百年后的今天来看仍屹立鲜活繁复，充满启示，从哲思的"单子论"到数学的"微积分"云云，一点也没有那个时代脑筋简单的天真样子，如我们今天读斯宾诺莎乃至笛卡尔。

文字的狡狯一如莱布尼茨，在每隔一段时日总要发生的统一文字豪宴中，它一定乖乖出席，曲意配合，讲固定而僵化的话，还一身光鲜拍照留念，这些看得到的档案照片，包括李斯小篆范本的泰山刻石，东汉蔡邕隶书范本的五经刻石，当然也包括大陆颁行的《简化字总表》。

但文字不会驻留在豪门夜宴中不去，它本性喜欢游山玩水，人间四下浪荡。在如此场域，它一身大布衣衫，如鱼得水地对话，找新材料新线索并持续思索创造，不会停止，也从不怕把自身弄得形容褴褛难识，而且在这里，它最常做也最乐意做的，正是回头嘲笑豪门夜宴的空洞虚伪。

没有教士和君王贵族真能控制莱布尼茨，莱布尼茨比他们任谁都聪明，因此，怎么会有哪一个世俗的掌权者能控制文字呢？

12 死去的字

这个字是我从许进雄先生的书里看来的,我手中其他的甲骨文资料和书籍里都没有,大概是因为已无法辨识而予以省略——其实这样子的字非常多,在为数五千的甲骨文中,我们可辨识的据说才一千多。

也就是说,这些都是已然死去的字,成为朽骨和残骸,占到甲骨文三分之二的数量,这样的比例我们通常会称之为"绝大多数",可用来做民主社会最困难的决定,包括修改宪法,还有罢免总统副总统。

然而,这种方式死去的甲骨字是什么意思?像我们这个头戴饰着流苏穗子大面具之人的字,我们是不晓得它叫什么,要怎么转换为现存使用的文字,并且不知道如何在往后的实际书写表述时再用它，但我们并不是真的对它一无所知，这个栩栩如生的造型，三千年后不经任何介绍和我们乍然相遇，谁都还是多少看得出它大概是什么，想传达些什么——这大概是个巫者或者舞者（这两者极可能非常重叠，在当时），于祭祀仪式或乐舞时刻（这也极可能是同一件事），戴上面具，粉墨登场。

气宇轩昂，气概逼人，死后还是这么美丽生动。

二十八个有关马的文字

我们前面讲到过一种文字的死亡状况，如一度死去的古埃及文字，如到今天还全无一丝生命迹象可言的古爱琴海线形文字 A（线形文字 B 这个系统，一如古埃及文字，幸运而漂亮地救活过来了），以及镌刻于数千枚图章之上，距今约五千年的铜器时代印度文字等等。

这类拼音文字的死法是集体地死去，灭绝地死去，一切讯息戛然中止，一丝也不再透露，只留下大片的文字废墟，构成一个美丽、诱人，却诡谲不已的谜样画面，你知道其中必然有完整合理的讯息，一页历史，一段祷辞，一则神话传说，或竟只是平凡的日常琐事乃至于物价和货物品名的备忘记载。当它们用另一种文字来更替时,都可能是我们很熟悉的,一看就懂的,但现在它们却永远被封存起来,禁锢于奇特的符号之内,像地底的特洛伊,像火山灰厚厚覆盖的庞贝古城,甚至像从安的列斯冰冷山顶蒸发而去的玛雅王国,或传说中沉入海底再不会浮现的亚特兰蒂斯。

但这里我们要说的这种文字死亡,没这么戏剧性,不是这种某文字国族的集体沉睡或神秘覆亡,而是个别的、经常性的死亡——概念上,我们并非完全看不懂它,只是因为它失去了效能,不再活络于我们的口语书写之中,毋宁就像蜂王完成交配之后的无用雄蜂,被驱赶出蜂巢,只能一只只死去。

失去效能,通常源自于我们生活实况的变化,某些旧事物某些昔日的概念因此从历史退场,于是,和这些事物这些概念密实相连共生的某一部分文字遂跟着退场死去。

举实例可能好说清楚一些——我女儿从小就爱马成痴,如今才刚上高一,骑马的年龄倒也积累到四五岁了,小时候有回我和她心血来潮,翻翻《辞源》找了有关马的字,猜我们找到什么?

女儿如获至宝地完成了一张表,感觉很像是得到一串五彩缤纷却又无用的玻璃珠链子——

騼（音 zhù），膝以上为白色的马。

駂（音 bǎo），黑白杂毛的马。

駓（音 pī），毛色黄白相杂的马。

駁（同"驳"[駁]，音 bó），毛色青白相杂的马。

駰（音 yīn），浅黑杂白的马。

駱（骆，音 luò），白身黑鬣的马。

騂（音 xīng），赤色马。

駵（同"騮"，音 liú），赤色黑鬃尾的马。

尨（音 máng），面额白色的马。

駽（音 xuān），青黑色的马。

騏（骐，音 qí），青黑色，纹路如棋盘的马。

騅（骓，音 zhuī），黑白相间的马。

騢（音 xiá），赤白杂色马。

騟（音 yú），紫色马。

騜（音 huáng），黄白色马。

騵（音 yuán），赤毛白腹的马。

騧（音 guā），身黄嘴黑的马。

騩（音 guī），浅黑色的马。

騮（骝，音 liú），黑鬣黑尾的红马。

驃（骠，音 biāo），黄色有白斑的马。

骢（骢，音 cōng），青白杂毛的马。

驔（音 diàn），黄脊的黑马。

骅（骅，音 huá），赤色骏马。

驈（音 yù），胯间有白毛的黑马。

騨（音 tuó 或 tān），毛色呈鳞状斑纹的青马。

驖（音 tiě），黑色马。

骧（骧，音 xiāng），后右足白色的马。

骊（骊，音 lí），黑色的马。

总共二十八个字，标示出二十八种毛色各异的马，或更正确地说，二十七种，其中"駵"和"骊"应该是同义异形之字；或者我们也可怀疑同是纯黑的"驖"和"骊"究竟是否是相同的黑色，但无论如何够精细了，而且皆以一个单字就完成说明；今天，我们看专门制作百科、图鉴的英国DK所编纂的寰宇式搜罗《马图鉴》（由台湾猫头鹰出版公司取得授权印行，这是我女儿另一本不离手的宝书），其精密科学式的毛色分类亦不过是"灰、蚤点、帕洛米诺、栗、红栗、肝色般的深栗、蓝花、红花、黑、骝、浅骝、亮骝、黄褐、骝棕、棕、灰斑、斜斑"十七种而已；至于我们一般生活口语中，大概黑马、褐马、花马、灰马、白马（其实并没有真正的白马，除非是白化症的基因有问题之马，否则最多只到浅灰的地步，这也是我女儿教我的）就这几种最大剌剌的通用颜色分类。

名小说家阿城给了我们另一个实证——阿城"文革"期间下放过内蒙古，他说，养马养了成千上万年的蒙古人跟你讲哪匹马时，外地人根本就弄不清他们指的是眼前众多马群中的哪一匹，这正是不同生活形态之下的不同语言焦点凝视现象，逼使他们得用更简捷的语言、更精密准确的分割单位，好在最短的时间内辨识出更细微的差异。对捕马养马万年之久，马就等于是财富、等于是生存之倚仗的蒙古人而言，因语言而导致的失误是最划不来的，也是生活中付不起的昂贵代价，太多的时候，根本没那个美国时间让你比方说"有没有？就那匹黑的，刚刚跑第三的，现在被红的挡住了，又出来了，额头有白毛的，不是不是，是矮一点那匹，你说的那匹尾巴颜色比较浅，我讲的是——"等你们双方沟通完成，这群野马老早跑到贺兰山去了。

俄国的绝顶聪明文学评论家巴赫金说得很好，在他一篇谈托尔斯泰小说的文章中，他讲："语言是社会习俗的印记。"——的确是这样子没错，语言因应着社会的实际需求而生，它不可能凭空存在，也不可能提前存在。比方说"巧克力"（或朱古力）或"雷达"，在语言的另一端，一定联结着已先一步实存的某个事物或某个概念,因此,它是事物或概念的印证,是踪迹和脚印,思维的侦探由这里便可追出来背后那具体存在的东西。

语言的派生本质,也使得某个新事物或新概念发生时,我们便得铸造出新的语言才得以表述它(尽管新语言的铸造,如列维-斯特劳斯的修补匠概念,总是用的老材料),而新语言在开始时往往是暂用的、粗糙的、不经济的描述性称谓,因为语言此时还不确定这个新事物或新概念的真正存活能力,是否这只是个立即消灭的、无须郑重其事予以命名的一时现象。这是一段新事物新概念和语言的讨价还价时间,根源于语言的节约本质(因此,语言的范畴总略小于实存的事物和概念范畴)。等语言确认了此一新事物或新概念的确是个健康的胎儿,大致可养活生长下去并成为社会的一分子,语言便会正式登录它,给予正式的、安定的名字,甚至精确经济地凝结成一词一字的表达方式,这才算真真正正地纳入到稳定的语言疆界之中。

这现象有点像寻常家庭里有某个成员开始交友恋爱到结婚的过程牵动和变化,新成员开始于"那个娇小个子的、眼睛大大的"的不确定描述性称谓,到"那个台塑龙德厂当会计的",到"我家老大的女朋友",到开始出现名字的"刘丽真", 到正式成为老婆的"丽真"或媳妇的"阿真", 这是一个新成员进入到一个既有家庭的常见延迟现象。

相较于语言, 文字的铸造成本更高, 铸造过程更费事, 因此, 文字更悭吝也更要耐心等待, 而文字的范畴也更远小于语言的范畴(有语言而未成文字的现象比比皆是)——理论上, 不管是以字母拼音的其他文字系统或中国形声造字的出现, 文字皆已获取了立即性记录语言的能耐, 然而, 在实际的操作领域之中, 要将飘浮在空气中借音波传递的语言, 正式冻结成固态的文字, 讨价还价的时间总得更长, 也就是说, 文字会等到语言王国中的新成员安定地存活一段时日, 自身强壮到一定程度, 才能进一步升等到文字的较严苛领域之中, 就像你得年满十八岁它才相信你可上战场或年满二十岁才有是非判断力投票选举一般。

从文字铸造成本的角度来看,"实存世界／语言世界／文字世界"的相对大小比例是起变化的、非固定的, 大致上我们可以这么说, 愈在早期, 造字的成本、书写的成本、资讯传递和取得的成本等等愈大, 文字世界的总体范畴相对地也就愈小, 因此, 它就更审慎、更节约、更耐心等待新事物和新概念的存活能力和影响力, 不到这些事物或概念已深植人心, 并在日常生活中广泛地被认知被应用, 并不轻易造出字来因应，于是，文字的社会习俗印证意义遂更强大更清晰，证据力更值得信赖，之于历史考证乃至于考古学意义重大。

为什么马的毛色需要这么精密而且这么经济方式（皆以一字完成）的再分割，因为马很重要，或者说很昂贵很有价值，而且绵亘很长一段时日——这种始终介于驯服和不驯服之间、鬃毛飞扬、聪明与野性淋漓兼具的美丽动物（多像个梦寐难求的情人！），主要使用于交通（尤其远程的）和军事，而我们晓得，从春秋以降，华北一地生活的暴烈融合以及权力争逐，乃至于汉代以后的持续北进西进，马的重要性一路往上攀升，养马育马驯马成为最早的策略性工业和国防军事工业，是权力取得和维护的倚仗，甚至最终还意识形态化为某种权力和国族荣光的象征（比方汉武帝便可以为几匹传说中的好马出动二十万大军去抢夺）。我们看冷战时期的美苏军备竞争，尽管飞机、坦克、弹道飞弹、核兵器距离一般人家计甚为遥远不相干，平日不能协助耕地开路，灾难发生也无法用来造桥救人，但掌权的人仍眼也不眨地砸下大钱，慷慨得不得了。

文字因社会习俗之生而生，也会因社会习俗之死而死，这是很公平的。

这正是这二十八匹美丽的马的死亡方式。社会的现实产生了变化，交通工具有了新的发明，战争杀人的器械和方式日日更新且更形强大，现实的马从现实世界除役下来，文字的马便也得跟着一并在文字的国度里死去——当然，它们皆未消失，而且还好端端保有鼎盛时代的声音和意思，我们若想知道也只要回头找《辞源》就全都有了，因此，它们毋宁更像阁楼上，床底下无用的、招尘的、古老不再好玩的旧玩具，安上电池或再旋紧发条可能都还会动，但昔日玩它们的小孩已长大了，有了新玩具了，如同西洋老民歌 *Puff, The Magic Dragon* 中那只曾陪小小孩在幻想中扬威七海、但最终被遗留洞窟之中泪如雨下的龙。

严格来说，二十八种马中，倒有个两三匹因为历史的其他偶然因素活了下来，比方说，黑白相间的"骓"，这是因为有悲剧英雄人物项羽骑一匹如此花色的忠心耿耿骏马，这才让它挣扎存活于历史书和戏曲戏剧之中；又比方说，黄色有白斑的"骠"，大概因为神骏武勇的关系，遂被转注为强悍有气魄的意思而继续存在；此外，还有白身黑鬣的"骆"，它则叛离马的王国，躲到另一种动物身上去，骆驼，成为今天二十八种"马"字中最健在、辨识性最高的一个。

习俗来习俗去，事物来事物去，概念来概念去，现实的一切毫不间歇地变动不居，因此文字的死亡便不仅不可避免，而且还是持续的、频繁的死亡，如此数千年时光死下来，真正的文字死亡总数量其实庞大无比，我们翻历代的辞书，比方说较近的《康熙字典》《辞源》，稍远的《说文解字》，乃至于所能找到最最古老的甲骨文编纂，很容易发现，我们所抄出来这二十八个有关马之毛色的字只是文字尸体所堆成的冰山一角而已，大部分的文字已然死去，或说至少也死过了一次，只是通过假借或通过转注得以用借尸还魂的方式存在（如我们提过，漂亮猫头鹰的"旧［舊］"、麦子的"来［來］"、打蛇的"改"、蛇咬人的"它"、扒子宫接生的"冥"、敲死无用老人的"微"、在十字路口东张西望的"德"、跪在路旁进行祭拜的"御"等等等等，这倒真的不是开玩笑的用法，是真的如讣闻所说的族繁不及备载）；也有像被封存在琥珀中的虫尸一般，失去意义，亦完全不再使用，只冻结于地名、人名等专有名词之中，比方说那个鼓声振动的有趣"彭"字就是这样。

女儿所珍爱的这份二十八个马旁之字的单子像什么？通体来看，我觉得很像一份汽车年鉴或型录之类，想想，在遥远遥远的将来，如果人类使用更进步的交通工具继而令汽车从地球上完全绝迹，我们今天所熟知的奔驰、沃尔沃、BMW、捷豹、莲花、野马、爱快罗密欧、保时捷、法拉利、

死去的字　289

雷诺、奥斯汀、福斯、凯迪拉克、绅宝等等，摆在一起不就是未来某人手中一张这样眼花缭乱又莫名其妙的清单吗？他们也一定极不可思议，在我们这个世代，很多才四五岁的幼稚园小男生光看外形就分得清是上述哪种车子（我好几个朋友的儿子都有此等能力，奇怪是小女孩很少有），一些年轻人更是哪个年份、哪种型号、性能如何、马力大小、有何种配备连同价格都随时可以背给你听，就像我们今天不可思议干吗把马的花色分这么细一样。

海市蜃楼的玉之王国

往下，我们再看中国文字世界中，一个璀璨王国突然建构起来，以及最终崩毁的奇特故事。

这是中国文字世界中玉的王国。首先，我们得话说前头的是，这个故事有个很悲哀很寒酸的前提，那就是早期中国历史舞台所在的华北，主体是一大片黄土冲积平原，因此，矿产基本上是相当贫乏的，可以称之为宝石的东西（比方说莫氏硬度九以上的刚玉）更可以直截了当地说没有，我们广泛称呼的玉，严格来说只是一些比较美丽的石头而已，在石头中不小心杂进了铬、铁、锰、钛、铜等金属元素而跑出鲜艳动人的颜色来，以及少量的比方说电气石或软玉云云。

藏宝石宝玉的地点要往南去，到差不多要越出中国今日国界的滇越高山纵谷地带，那里据说有翠（即祖母绿）的璞石沿江冲下来，但矿脉并未真的找到；真正精彩的要再往南，比方说中南半岛上有红宝、蓝宝和橄榄石矿等，而印度半岛更多，还有金绿宝石、石榴石和黄玉等等，也难怪这些地方的历史和宗教，我们印象里总是珠光闪耀，弄得人睁不开眼似的。

在甲骨文的时代，玉在华北这块土地上应该不怎么重要，因为和玉有关的文字只有寥寥几个，大致上就是"玉"，丰，玉片用绳线串起来的模样；"璞"，一幅手执工具，一旁置放篮子，在山里奋力挖掘玉石的漂亮写生图；而若有美好收场，则是下一幕的"弄"字，摹写的则是玉石挖出之后爱不释手的玩赏翻看模样（看来秦穆公嫁给吹箫仙人萧史的女儿取名弄玉，还真禁得住文字学的考验）；此外，还有"黄""章"二字，也就是后来加上玉字边的"璜""璋"二字原形，甲骨文分别是 和 ，都是初民身上常见的普世

死去的字　291

性珠链状饰物的造型，但严格来说，此一串烧形饰物的质材内容倒不见得非玉石不可，但凡漂亮些的、稀罕些的，甚至某种传说或宗教相关之物（比方说猛兽的齿爪可能会带给人某种强大的灵力）都可以串，因此，可以是动物骨头或齿爪，是美丽纹路的木片或木头珠子，是甲壳类的壳蚌什么的，但这里我们依后代文字的追认，没意见全归属于玉的国度来好了，只因为差不多就这些个字了。

我们谈过，文字的出现通常不会是偶然的，它是社会习俗的印记，特别是造字不易、书写不易的甲骨文时代，造字写字成本的昂贵更增强其习俗印记的意义，因此，有时用最笨的方法，数一数各类文字的数量多寡，其实是很富意义的，很直接可察觉出此类事物和彼时实际生活的关系深浅。

五个"玉"字（我可能有所遗漏，比方说"珏"字，𡘙，玉字乘以二，两串玉的模样，但漏不了几个），一个是通称，两个是挖掘过程的实录，另两个是最原始最自然的利用方式，交易之事与它无关，也嗅不出什么权力气息来。

在此同时，比方说我们展示过带着 彳 道路符号的甲骨字（而且只展示了一部分而已，以 彳 为意符的形声字更是一个也没用到），数量便相当可观，达数十个之多，让我们可因此相信主街上人们的活动已相当像回事，并据此压缩时间、半魔幻半写实地重建一道想象大街的时光之旅。

然而,在这片挖不出什么像样玉石的贫瘠大地上,就以寥寥几个"玉"字做种,往后不过千年左右的时间,有关玉的文字却快速地增殖、扩张,海市蜃楼一般忽然在荒漠不毛的土地上浮起一个熠熠发亮的、纯粹用玉石打造出来的壮丽王国。

仍然是用算的,在许慎的《说文解字》书中,总共搜集了一百五十一个和玉直接相关的篆字,其他有"玉"字躲藏其中以为辅助性附件的字尚不在计算之内。我们一翻到书的这一部分,在一个总题意味的"玉"字带头之下,马上扑面而来就是连续十七个标示为"玉也"的字,有"璙""瓘""璥""瑛"等等;跟着则是形制不同、用途各异的各种分门别类的玉,有祭祀用途的"璜""琮"等,有行政事务用途的"琥""瑁"等,有随身佩戴的"璬""珩"等,有镶嵌于衣帽器物之上的"玭""瑽"等,当然也有丧事用途的"珥""琀"等;再来则是"莹""璊""玒""瑕"等,玉的不同颜色;"琢""琱""理"等,加工治玉的

死去的字 293

字;"玲""玱(瑲)""玎""琤"等,玉所发出的各种清朗声音;最终还包括一个为数达二十七字的庞大集团,有"瑀""玶""玲""琚""瑃"等,理论上它们都不够资格称之为玉,而是"石之似玉者",是这个王国的次等公民。

其他还散落着一些碎玉般的字于其间,比方说代表玉器的"瑠"字、玉的美丽光华的"瑛"字,还有其实就是珍珠(蚌中阴精)的"珠"字,以及和珍珠一样同属有机性宝石的"珊""瑚"二字。

除了甲骨文一路传下来那几个原始的玉之字外,这日后才冒出来的,几乎全数是形声字。

单独命名

这个成员一百五十一名,又寒酸又琳琅满目的王国,其实非常好看,大多数是你非常陌生,人生活几十年完全没见过的字,却也有几个烂熟到极点的字,从没想过它的原生地在此,而且原来的意思这么漂亮,出身高贵。

首先,我个人最喜欢的是玉的声音这一部分,总共有六个,"玲""玱""玎""琤""琐""瑝",由于都是形声字,事到如今我们还能根据每个字右半的声符部分,来试着唤回当时人们所听到的玉的敲击撞击声音，其中除了"瑣"字窸窸窣窣听不真切之外，其他都清越且余音袅绕，难怪当时中国人那么爱听，佩玉在身上的成文理由（见《礼记》）之一便是举手投足间会有这样的好声音相伴——其中"玲"字尤其令人惊艳，这个已在文字使用死去多时，又因在女性名字中太频繁出现而令人完全丧失感觉的字，仔细一模拟才恍然它原本是多干净如银铃的好声音。

再来，是"玫""瑰"二字，在 rose 尚未进口并篡夺这个名字之前（蛮早的，起码是唐代，白居易的诗有"玫瑰刺绕枝"的句子），它们原本就是连体婴，《说文》说是"火齐珠"，还有另一说是"石之美者"，原来如此。

然后，你也会替当时的中国人觉得"大家辛苦了"，十七个"玉也"的字对抗二十七个"石之似玉者"的字，我们今天不晓得他们究竟如何在这一堆其实水平不高的群体中，分别出只一线之隔的玉和石？是有一套客观的总体鉴定规格呢，还是见招拆招地信赖个别专家的当下判别？比较能确定的是，固然今天对宝石的认定并没有总体范畴的数学线边界存在（意思是没宝石和普通石头的分割），而是以钻石、红宝石、祖母绿、海蓝宝石、黄水晶等各种不同化学元素、不同结晶方式的个别归类呈现，但从价格的标准来看，这些

死去的字　　295

"玉也"和"石之似玉者"极可能只是四十九步和五十一步的差别而已,毋宁都更接近一些有着美丽色泽和纹路的石头,你在专卖矿石的店不太花钱就可买到。我个人所知在日本京都的拱廊商店街寺町京极就有一家很棒的如此卖店,应有尽有,但里头更吸引人的毋宁是一些更奇奇怪怪的化石,有猛犸(长毛象)的毛、恐龙的粪便、号称活化石的鲨鱼标本,都几百日币就买得到,比较贵的是呼应电影《侏罗纪公园》那种埋着远古虫尸的琥珀("琥"原是刻成虎状的玉,发兵用的),还有黑色的沉沉铁质陨石,其中一把陨石做成的小刀,镂刻漂亮的花纹,印象里卖二十多万日币。

话说回来,石头也罢,玉也罢,干吗得搞二十七种加十七种名字呢?和马的毛色分类不同的是,这些不同的玉石之字应该是不同时间不同地点不同来源分别收集来的——在部分犹可考据的暧昧不明情况下,我们还算知道哪个字系来自《诗经》、来自《左传》、来自《楚辞》或来自《山海经》云云,但麻烦在于这些"玉"字闪耀于古文本中时,通常是举例的、帮腔的,只用来制造文章所需气氛,堆叠成一个又漂亮又有美德的现场所用,并未揭示它们的真正长相和内容,因此,极可能许慎本人也是如是我闻地照抄,不甚了了,只能从文章上下和意旨去大致判别它们究竟是令人向往心痒的宝玉，还只是鱼目混珠的可恶石头（此类的玉石之辨譬喻方式，是中国古来论述玩了数千年不倦的游戏）。

其中许慎明显有把握的有两个：一是"璠"，这字及其身世简介来自《左传》，很明确指的正是单个的玉，是鲁国的重宝；另一是"珣"，也是单个的玉，资料则来自《周书》，是东方夷人所有令人垂涎的宝贝。

因此，为什么在如此贫乏的现实土地会生出这么多"玉也"的字，我个人怀疑，尽管并非全体，但其中大多数的字大概不是概称不是类别，而是专有名词，指的是独一无二、就那一颗特别的玉。

之所以这么猜测，我们晓得命名是有成本代价的，造字更相对地昂贵，但某些个别事物有价值到一种地步之后，它就有机会取得被单独命名的特权，像某些餐厅、俱乐部的VIP室一般，只供他老兄一人跌坐；或像百货公司的橱窗一样，只摆单一一样昂贵产品，还用聚光灯特别照它，备极尊荣。

人类历史上，很多宝石做到过这样的事：有自己的单独命名，有自己的完整记录，乃至于历史完整谱系，从万事万物中单独被拣选展示出来，如亚伯拉罕，如基甸。

好比说你喜欢的那颗四四点五克拉,以其不祥的传奇历史闻名于世的 Hope 蓝钻,此钻因其切割后最初购得的主人亨利·菲力·Hope 得名,它在害遍了历届主人后,目前收藏于华盛顿史密森尼自然历史博物馆。

Florentine 钻,重一三七点二七克拉,美极了的金黄色钻,双玫瑰式切磨成一二六瓣面,是最有名的意大利宝石,相传最初由法国公爵所拥有,后来辗转落入奥国国王手中,最后随奥匈帝国的灭亡而不知所终。

不用说了,它大约像一只异教神像的眼,兀自闪着冷冷的光辉,在某一架王公贵族散落的枯骨堆中吧。

……

Star of the South,南方之星,重一二八点八克拉,是一名巴西女奴在矿场无意中发现的,不用说,它的发现,使她因此重获自由。

……

Cuban Capitol,重二三点零四克拉,我觉得最美的一颗圆形切割的金黄钻,采自非洲矿场,不过它并不是镶嵌在任何珠宝首饰上,而是被嵌在古巴首都哈瓦那的一处人行道上,以作为军用道路指标的用途。

钻石与革命。

钻石与卡斯特罗。

……

Eureka，原重二一点二五克拉，雀黄色，它的发现，吸引并开启了无数争相前往南非开采钻石的人潮。

以上欲罢不能、愈抄愈开心的单颗钻石记叙，出自朱天心的短篇小说《第凡内早餐》。

和权力勾结

当然，放牛班也是有第一名的，台湾地区的职业棒球队自己关起门来打，一样每年都会有冠军（而且还有两个，比美国日本还多），因此，中国的单个玉区隔开石头，取得自己的专属命名和单一辨识，这不足为奇。但光这样好像解释不了玉的字这样如雨后春笋般从各地冒出来，时间又这么密集这么短。

一定发生了什么特别一点的事，两周这根本不到千年的时光究竟发生了什么事呢？

我想，是发生了和权力挂钩的不好之事，高贵之物和污秽之物在此正式结盟。我们晓得，在稍前的商周，象征统治权力的是那种大件的青铜器，包括大鼎大盘大钟等等，但青铜有工匠技艺的时代局限性，当历史朝向铁器移动，工匠的锻冶铸造技艺及其工具配备自然跟着向铁器靠拢，如此，不大可能在忽然需要时，马上铸造出久已不行的昔日水平大青铜器，于是权力的象征物也必须转向，重新找适合的广告代言人。

玉就上来了，从个人爱不释手的饰物，到宗教性的圣物灵物（祭天地四方的璧琮到送死的琀珥等等），进一步现身到现实政治权力舞台的正中央。"问鼎于中原"，语言文字没敏感到处处跟着翻新，但周秦之后，这个鼎其实已不是真的鼎了，它就只是统治权力象征物的代称，实质上它已更换成玉了。

自然，权力象征物的选定是郑重的，候选者本身得具备某种和权力相衬的、亲和的醒目特质才行。大青铜器是壮丽、强大、威吓，恐龙般的巨大身躯暗示了背后惊人的人力、物力、技术能力和动员力；而玉虽然没这么夸富吓人，但仔细想想也许更好，首先玉基本上不是人造物，而是天地山川精魂之所孕生，是大自然钟爱荟萃的结晶，人没制造它，只发现它，让它从砂砾岩块中分别出来；此外，它更可亲，伴随人身已久，时时摩挲，愈见光华——玉比大鼎少了军事威吓，却多了哲学省思，很切合尤其是东周以后的思维论述氛围。

儒者更是整箩筐赋予玉权力哲学基础的人。他们从修身的观点、哲王的观点津津乐道玉的种种美德，包括玉的温润，就像君子的温暖亲民好脾气；玉的表面条纹，就像君子条理清明、分辨万事万物的智慧；而玉又是易碎的，因此要小心守护，人身难得，大法难闻，佩玉的人要举止宜当，行皆中节（配合那六种玉的敲击声音），就像君子的修身自省一样得时时戒慎戒恐……

一堆。但好玩的是，纯从今天宝石鉴定的观点来看，温润也好易碎也好，那都是因为莫氏硬度的明显不足；至于有触目可见的纹路，那一定是混有杂物、质地不纯的缘故。这两样恰恰好是今天宝石估值的最严重弊病，双方的认知差距一百八十度相反，真令人莞尔。

也因此，尽管中国古来的主流思维，在最终极处总是推崇朴实天成浑然的美好元质，但玉基本上还是拿来雕的，一匹蜷卧的骆驼，一枚晶莹的苦瓜；反倒是西洋的钻石、红宝石、蓝宝石，瓣面切割只为处理光线，折射聚拢成"火辉"，让宝石干净透明的本质自己说话，幻化成眼睛里的一道彩虹。

更因为这样，时至清朝缅甸一带的祖母绿进入中国，我们简直不知如何对付这刚硬之物才好（硬度七点五），所有数千年承传改良下来的治玉工具、配备和技术全束手无策，如磐石不动，一直磨蹭到慈禧时才找出方法，但仍然不是梨形切割、卵形切割或八角形切割，而是搞成一对手环，戴在老太婆权倾天下的手腕上。

小说家如是说

这个建于不毛土地、先天极不良的宝玉之国，终究是撑不下去的——改革开放之后，跑陕甘一带旅游，很讶异便宜买到夜明珠、夜光杯，并不死心蒙棉被看看是否真有微光发出，并自此对唐诗"沧海月明珠有泪，蓝田日暖玉生烟""葡萄美酒夜光杯，欲饮琵琶马上催"嗤之以鼻的人（如我家二哥），也都一样相信会这样。

玉自身会碎裂（比方西汉末王太后拿玉玺砸王莽时那样），权力的附加价值会因历史的机遇变化而消失，儒者加持的智慧财部分会因人类思维的转向而瓦解，而作为权力象征物的玉，更本来就得一并承受权力损耗品的最终宿命，在权力长时期争逐的大游戏中，它们会毁破，会散失，会劣币逐良币原理地被人紧紧收藏而不再现身，更会因战乱杀戮或陪伴权力主人而静静沉埋，复归于无尽大地。

名小说家阿城爱讲一段汉初历史，那是刘邦死后吕后掌权时，地处最南边的南越王意图造反，吕后的对付之法是马上全面断绝玉的供应，让他建构不起带奇魅权力象征的称帝必备行头（印章、冠冕服饰、仪仗队云云），最终，南越王被迫发死人坟茔以搜刮地府之玉，显然双方全都熟悉游戏规则，全在玉上头下惊人的功夫，比发兵打仗还要紧。

阿城也准确指出，所以为什么后来中国的烧瓷工业这么重要而且发达，又都是不计成本盈亏的国营事业，由皇帝本人出任董事长，因为无瑕的白瓷，所尽力模仿的正是大自然供应不足的玉，就是人造玉，背后还候着一整组统治权力理论。

名小说家骆以军跟着补充，所以北宋时辽兵入关，为什么要掠走整座官窑配备和所有熟练窑工，他们也被启示这就是天命权力所在，游戏规则这么写，战胜者自然要把权力给取走。你若循此谱系不懈追下去，便会越过鸭绿江（多像美丽宝石之名）到朝鲜，再越过对马海峡以屹于日本，最终便联结上今天爱玉爱瓷（唯不爱权力）的骆以军夫妻最爱看的日本宝物估价节目《开运鉴定团》。

风露想遗民

玉的权力王国在现世终结,玉的字当然也跟着死去,跟着迭失离散,这没半点意外。

亡国通常总有遗民,流亡者哪里去了呢?——朱天文华丽苍凉的名短篇小说《世纪末的华丽》恰恰是绝好的隐喻,尤其是小说收尾的那一段话更神似预言:"湖泊幽邃无底洞之蓝告诉她,有一天男人用理论和制度建立起的世界会倒塌,她将以嗅觉和颜色的记忆存活,从这里并予以重建。"

以嗅觉和颜色的记忆存活,玉的遗民之字的确是这样子没错,它们抽空意义,只存留文字自身的声音、气味和色泽,藏身在女性的美丽名字活下来,我们看到"瑛""玲""珩""琳""瑜""琼""璇""瑷""莹""珍""瑶""珠"……

但说从这里再重建可能就太乐观了,毕竟这个居住于女子名字中的文字花圃(不好再称王国了)可能还持续在瓦解流失之中——我个人每年都会读读大专联考榜单,有趣地看每一个名字,你会发现许多有趣的变化更迭(比方说我这个世代的吕姓人家,辈分可能正值"学"字,叫吕学什么的多得不得了),包括玉的字在持续消退之中,疼初生孙女、念过古书翻字典命名的老祖父死去,这一代,取而代之的是

"容""庭""好""语""涵""彤"等等琼瑶（琼瑶自己是玉字取名那一代的，证明她已古老了）小说乃至偶像剧中的空灵文字。

有一个玉字子裔逃来最远，尽管它仍明晃晃把昔日之玉就挂身上随时可见，但我们每天每时擦身而过，不知怎么就是不容易认得它的出身，它曾经也是得小心呵护的美丽圆形之玉，这个字就是"球"，逆向跑入雄性世界，一身大汗淋漓，和迈克尔·乔丹、桑普拉斯、阿格西、老虎·伍兹、小葛瑞菲、麦奎尔、邦斯、铃木一郎站一道，只手就撑起另一个更昂贵更夺目的普世性王国来。

13 卷土重来的图形字

     🯅   8   ○   ⇨   ▯   ⚲

  这些"字",倒没被刻在龟甲牛骨之上,而是印在一方约一尺长半尺宽的肉色塑料板上——那正是此时此刻我用以书写这家咖啡馆的所在楼层配备指示图,就贴我右手边五米远的杉木板隔墙上,其中——

  🯅:所在位置

  8:公共电话

  ○:灭火器(图形为红色)

  ⇨:逃生方向

  ▯:消防栓(亦为红色)

  ⚲:缓降梯

  诸如此类的各种图形图示,还充满我们生活之中,而且有增加的意思，传递给我们某些极必要的讯息，像厕所在哪里、该到哪边结账、此处不能左转否则罚钱、对不起前方有车抛锚请小心、这个位子请保留给老弱妇孺、为了你自己的生命请不要抽烟云云，挺方便的，往往要啰啰唆唆讲好半天的话，一目了然，用个图就说清楚了。

它们不是一个字，而是一个词或一段话；不是一个点，而是一个情节、一个故事——这让我们想到最早先的图形文字，可能就有类似的能力和容量，因此，我们这本书一开头对那个静静立于高处凝视的 ? 字种种胡思乱想，可能不全然只是一厢情愿的鬼扯。当时，字的总数比较少，每个字和每个字的距离比较宽，因此每个字所实际拥有的使用坪数也就势必大一些。当时的文字建筑整体景观，想起来还真的颇类似于当时的人居建筑景观。

这里，我们要问，文字会不会回到图形去？回到单位信息负载量更大、更一目了然的视觉图形去从而令文字逐步萎缩并在遥远的未来复归于鸿濛呢？

有限文字的真相

太遥远的我建议我们不用去想，想太遥远常常是意图牺牲当下的美丽借口，或至少拒绝当下的就事论事讨论，这并不健康，所以十九世纪俄国最聪明、最自由的心灵赫尔岑才说，太遥远的目标不是目标，是欺骗，有意义的目标必须近一点——若非想不可的话，可考虑更严重更有意义的，比方说地球的末日和宇宙的终结云云。

就我们视线可及且有意义的未来而言，我个人的答案是不会，文字的形态在往简化的方向走，文字的表述能力却不断在往精微艰深的方向走，这在在都是有原因的。

首先，我们当然记得，具象图形的文字顺利发明出来之后所碰到第一次的断裂困境和飞跃，便在于文字要勇敢进入没图形可依循的抽象概念之中，中国文字用会意和指事搏斗了一段艰难时光后发展出形声的快速造字法，西方（广义的）的文字则起了彻底重来的拼音革命，这个四五千年前的史实，说明文字再不能回头地走上不归路。

然而，具象摹写的图像回不去，约定的图形难道就不行吗？比方绿灯通行红灯禁止尽管并非全无人的正常心理线索，但基本上其实源于约定和习惯。

这个疑问的答案大致上是这样子的，文字，尤其是脱离物象的拼音文字，本来就是约定性图形，但约定性的图形有个极严重的麻烦，那就是它的数量总是有限的，人怎么绞尽脑汁就是创造不出足敷使用的不同图形来，而且图形和图形之间还得存在必要的秩序和联系，否则无法记忆学习。

这让我们想起米兰·昆德拉的小说《不朽》来。小说开始于一个手势，一个不意在游泳池看见的美好手势，让小说家心动而创造出阿涅丝这个美丽女子来，像希腊神话中女神阿芙洛狄特（即维纳斯）从水中冉冉而生——昆德拉紧接着说，"手势远比人精巧"，地球上生养存活过的人何止亿亿万万个，但亘古以来手势就那么几种。这是对的，手势的确就那么几种，符号就那么几种，概念性的图示就那么几种。

要用符号数量的有涯，来成功表述事物及概念数量的无涯，我们不能不赞叹文字的确找出了最聪明最省力也最具续航力的办法来，那就是数学排列组合的数量极大化方式。而且他们事实上做得更好，他们还顺便解决了声音的问题，让两个系统有机会合一，彼此支援，我真的不确定，换在今天我们是否有机会做得更漂亮一点。

即便发展出这么聪明有效的方法，理论上文字已可毫无困难地无限繁衍下去，但我们眼前的文字实况显然并不是这般光景。相较于复杂万端的现实世界，相较于我们绵密灵动的思维，尤其是那些闪电般亮起、消灭的种种层出不穷印象和念头，文字仍显得很笨、很重、很疏漏而且很不够用，也就是说文字的系统性无穷潜力并不能真正展现出来，它仍然是有限地、左支右绌地试图表述意义的无限。

冤有头债有主，所以说，这不尽然是系统本身的问题，而是系统操作者的问题，不尽然是文字本身的潜力、弹性和延展性、可塑性，真正关键之处还在于使用文字的人。

人有什么问题？首先，我们可能得确认一个大前提的事实，那就是，联结着半天生半自我演进改良的语言，文字，极可能就是人类创造物之中最庞大、最复杂、最望不着边际的一种，我们终身学习，但我们每个单一个人对这个集体发明堆叠成果的庞然大物，理解永远是片面的、局部的、有时而穷的，以这样有限的理解程度，希冀能释放出整个系统的可能无穷力量出来，这如何可能呢？

人本身的局限性，在和文字打交道的每一个环节都几乎暴露无遗——我们的命名能力是有限的，捕捉能力是有限的，造型能力是有限的，描述和理解能力是有限的，以及最终最决定性的，我们的记忆能力更是有限的。我们从头到尾就只是有限存在的人，一向拙于应对无限的东西，就跟古希腊的数学家老苦恼于无限的问题一样。

命名能力的有限，是我们只能有限使用文字的起点，这里我们稍稍解释一下，并作为说明的实例。文字开始于命名，这是承接自语言的，命名的理想状态是万事万物都能赋予它一个独特的、不相混淆的声音，更理想是关系程度不同的事物之间，声音和声音既分别，又能有反映其关系远近的程度不同的勾结和联想。但我们的声带构造和想象力显然没这么厉害，它们达不到这样的要求，最明显的问题结果就是相同声音以及类似声音的命名层出不穷，这种命名混淆现象，背过英文单词的人想必都有一番惨痛的经验，这在转化记录成文字时可稍加补救，运用不同造型（中文）或拼音方式（如英文）来作视觉分辨的区隔，但只能算亡羊补牢，意思说没关系没关系还来得及，其实就只是很体贴很有礼貌的来不及了。

克服我们的声带和想象力局限本来是有方法的，也某种程度使用了，那就是把声音加长（多字的、多音节的），声音变异的回身余地自然加大，得以去除重复，但加长同时也就带来致命性的副作用，直接造成文字的复杂难识，不断增加我们记忆的负担——这里，我们便看到了我们有限记忆的决定性阻挡力量，让很多原则上可行的方式都撞墙走不下去。

我们说过，命名的有限只是实例之一，最终仍是记忆问题，这是文字的决定性两难困境——文字表述完最简单、最明确、最和我们直接相关的事物，它无可避免地要往难的、幽微不彰的、和我们距离遥远的路途走，但我们的记忆容量和记忆意愿却愈来愈难能配合，于是，文字愈往前走，跟得上的人就愈见稀少，解码所赖以成立的共同记忆也愈见流失，文字的密码倾向也愈见明显。

翻翻《辞源》或《牛津词典》，你真会一再惊讶人类创造完成的文字数量何其庞大，而这不过是可考的、意义追溯可及的部分而已，而我们每个人会使用的，又只是这个部分的一小部分而已，其余的只能任它们堆叠闲置在那儿等死，其中当然有相当一些，如我们在"死去的文字"所说的，因生活实况的改变而失去了功能，但老实说也还有相当数量仍堪用如新，只是我们不晓得不记得了。

终归来说，一个无限大的工具箱是不可想象的，我们背不起这么沉重的箱子；就算拼死命背起来也没用，我们一样不可能搞得清楚每件工具的性能及其操作方式。因此，这无关文字系统的腾挪转化能力，而是人的有限存在和他所面对的无限存有老问题，这个很为难的处境，聪明的人很早就发现了，孔子称之为以有涯逐无涯，他老先生的感想非常明确非常素朴真实，那就是——累坏了，真的累坏了。

没文字的喜悦

因此，转身向图像，现在也许该说影像才对，人类巧妙利用了视觉暂留这不易察觉的眼睛微小缺漏，成功将单片图像连续起来，并日新月异改进之中，让这个比文字还古老得多的表述形式，有着全新的样式、负载能力和魅力，非常受欢迎并不断投以希冀。

但老实说，这不因为影像有什么超越文字负载能力的特异功能，魅力的最大来源反而是因为它的简单，这是面对文字艰深走向的懒怠反动，是累坏了的人想坐下来休息，尽可能不思不想。

影像和文字最根源处的不同，便在于影像努力模拟、重现事物的原来完整面貌，而不像文字只是精简记录了事物的线索和痕迹，因此，影像很明显少掉了一个编码解码的过程，让脑子和心灵的必要参与程度减轻，这对亘古以来始终保有生于忧患死于安乐天性的懒怠人们，的确是比较舒服的。但舒服永远是要付出成本的，就像坐飞机头等舱、商务舱和经济舱票价大大不同一样，舒服的影像就得让自己停留在有形有状的视觉世界里,也就是我们所拥有、所面对完整纵深世界最表皮那薄薄的一层,影像世界华丽但不可能深奥,比方说影像世界中号称最深奥一级的导演伯格曼,那种深奥是相对于其他影像成果比较而说的,习惯于文字表述穿透能力的人来看,伯格曼的所谓深奥程度还非常非常轻浅。

我个人因生活偶然机缘的关系,身边有不少用文字工作的小说家和用影像工作的导演编剧,其中甚至不乏两种工作身份轻度渗透或重度重叠者,我们难免会比较文字和影像的讯息负载能力,大致的结论是,一部正常长度的电影大约只勉强到一篇短篇小说的程度而已。

因此,有关影像可否或会否取代文字的问题是没必要太当真。这里,我个人以为比较有意思的讨论可能是——这样好了,让我们从两名文字的绝顶魔术师,哥伦比亚的马尔克斯和意大利的卡尔维诺说起。

马尔克斯和卡尔维诺都对电影感兴趣,且投注了相当时日在里头。马尔克斯比较热衷,他年轻办报时就长期写影评,成名并进入中年之后,更积极想用电影形式工作过,不止出售小说版权改编成电影,还自己写剧本,《百年孤独》写作之前那几年墨西哥城旅居岁月,他算是大半个人泡在电影世界里;相对于马尔克斯的一度狂热、意图拿电影作为一种表达形式，温和的卡尔维诺则一直冷静保持在一般观众的位置上，卡尔维诺显然较早洞穿影像的稀释负荷力本质，并不以太严肃的心情对待，因此他对战后作为辉煌艺术表达形式的意大利新现实主义电影没太多好话（"忽而敬仰，时常赞叹，但从没爱过它"），他津津乐道的反而是战前那些金碧辉煌但浅薄不堪的美国片，当时他每天看两部电影，借此"逃避"那段不安岁月（源于外在残破社会，以及自身的青少年期）的苦闷，并作为瞻望外头世界的想象窗口（"满足我对异乡、将注意力移到另一个空间去的渴望，我想这个需求主要与想要融入世界有关"）。

有关卡尔维诺这段一天看两部电影的年轻日子，最有趣的事情是，由于看电影是偷溜出来的，或骗父母说到同学家念书，因此非得在"正确"的时间回家不可，这使得卡尔维诺错过了很多电影的结尾，悬空在那里，得等几十年后一切已物换星移才有机会看老片补上。这个经验又使我想到另一桩卡尔维诺更小年纪看报上美国漫画的回忆，那是他还不识字时，无法通过漫画中人物的对话来正确串接这四格画面，同样孤立悬空在那儿。但我们知道，长期悬挂于此种失重状态是很难忍受的，人被迫得用自身的想象力去填补缝隙，好让联系完成，便于安置，因此，电影结尾、四格漫画联系的未完成，反而成为卡尔维诺想象力放开四蹄自由自在奔驰的空地。

以马尔克斯和卡尔维诺这样敏感于、长期沉浸于，甚至早已习惯文字精微深奥表述性能的人而言，他们不会不很快察觉出影像外表华丽但能力有限的疏漏本质，但有时候疏漏往往是好的，它让意义暂时缺席，至少不单一确定，这是一种（尤其对熟稔于文字的人）取消文字压迫的渴望，是一种文字的无政府主义。

让我们回到最早说过的影像和文字"建筑景观"比较上来。文字的建筑景观比较像城市，在意义的土地上鳞次栉比，密实相连，这是文字最主要的责任，我们创造它使用它，本来就要它让意义明确，锁牢意义像尽力锁紧螺丝钉一般，要它持续分割再分割意义，努力不留缝隙，不放过意义的最小可能表述单位云云，然而，文字表现得愈尽职出色，单位意义愈明确，意义占领的点愈小，意义和意义之间的缝隙愈小，意义的路径也就不免愈单一，意义的秩序也就不免愈森严，甚至被决定，用单一性的正确来决定——当一个笼罩我们的秩序总是正确的，不容许犯罪，甚至于根本没存在犯错这回事，你的思维空间、再参与空间就完全没了，你只能依循，只能配合，不再是个自主的人，因此，你如果还想当个人，就得想办法从这里挣脱出来。

相对地，影像的建筑景观却像乡村，两点相隔甚远，中间闲置着无力处理的大片空地，空气流通，凉风习习，我们常说两点构成一线，那是指单一的、所谓"意义正确"的直线而言，两点之间只一条直线，却容许无限多的曲线，空间愈疏阔，曲线的弧度和姿态也就可能愈好看，而想象力的滑翔轨迹从来都是曲线而非直线，它喜欢大空间，愈大愈好。

因此，迷人的不见得是影像自身，而是文字的暂时撤除，意义的暂时不明，世界还原为原初的浑然状态。正确一隐没，可能性就浮起来，两点间联系的安全逻辑一消失，接替它的便是危险的猜测、幻想、传说、诗歌和神话。其实人类亘古以来就是这么看待头顶上星空的，从亚洲，从欧洲，从美洲和非洲，从极北的西伯利亚，也从极南的拉丁美洲合恩角，人们在疏落的明亮星点之间任意画相连的线，也同时把最好的神话给挂上那里。

有时候，没文字真的是好的，就像老子庄子讲的那样。

保护保卫自己

从这里，我们便可以比博尔赫斯"没有完美字典"的提醒更多一分警觉——文字不可能完美，而且可能就连建构完美文字的野望都最好不要有，因为这个不切实际的负荷会让文字紧张、保守，想走安全排他的路，不去想可能性的问题，而可能性正是文字带给我们思维视野最好的恩赐礼物。意义的单一性正确寻求和表述从不是文字的唯一任务，那只是它日常部分；在思维持续挺进的世界中，在诗的世界中，在一切文学的世界中，它是人们冒险旅行忠诚且任劳任怨甚至任谤的好伙伴，它寻求事物的痕迹并帮我们存留，进而成为我们对广大世界和幽微记忆的有效叩问方式，里头有尝试的成分，于是一定也就有可以用后即弃的成分，更一定会有失败的成分，最终，文字还可以是某种消耗品。

我们太意识到完美，自由必然就相对萎缩了，从而丧失了勇气和活力。文字的确需要勇敢一些、生猛一些、不温良恭俭让一些，更重要的，要潇洒不在意一些。意义新土地新疆界的探勘工作是艰巨的事，过去的经验告诉我们，这通常得一试再试，很难一次就成功；如此，文字也才敢于在需要它不在时堂堂皇皇缺席，让我们偶尔可回过头来看见没文字的世界原初完整面貌，不埋头迷失在意义分割、被文字拉动的迷宫之中。

把完美渴望带来的紧张拿掉，我们当场就轻松许多，更知道怎么面对今天影像对文字来势汹汹的威胁与要挟了。

我们知道影像不具备真正的负载能耐，可取消并替代文字，但并不是谁都知道，他们会不会做出错误的选择呢？不是人性中原来就有劣币逐良币的自然倾向吗？就算文字不被集体性消灭，大规模的萎缩不是非常可能吗？一代一代只盯着电视、盯着电脑屏幕看的小孩成长上来，他们不是会丧失理解和使用文字的能力吗？我们需不需要保护文字？

这的确是个严重而严肃的大问题，但我个人以为真正需要保护的不是文字，也不晓得如何让文字蜕变为供人瞻仰嘘吁的古迹列入保护，我比较关心的是，文字的萎缩甚至消灭，究竟呈现的后果真相是什么？

谈严重严肃的事顶好从笑话开始——中国人有这么一个可怜的老笑话，说有某人因盗窃被抓入官府治罪（打个几十大板什么的），回头邻人问他犯了何罪，"我拿了人家一小截绳子。""拿个绳子干吗大惊小怪报官呢？""不，绳子另一头还拴着一头牛。"

文字可以只是绳子，不告取走或丢弃都不是什么大事，大事是绳子另一端拴着的那头大牛。

我记得是二三十年前，日本文部省做了个"文字去中国化"的小小改革，把常用汉字大举削减，想当然耳遭到删除的是深奥一些的、不实用一些的、比较思维比较诗的文字，比方说"长"和"修"大致意思相等，那就只留通用性的"长"，干掉较文雅较富想象力的"修"云云，便有学者忧心起来反对，担心此类文字所代表所存留的较深奥思维也一并被删除掉，日本人会变笨——他们看到的，不是绳子，一样是绳子拴着的牛。

文字当然是可删除可消灭的，这样的事在文字历史上暴烈地发生过，也不为人察觉地默默发生过，文字是很驯服的动物，不会抵抗，更不会让我们看到示威请愿、围厂抗争的画面，但我们自己得想清楚后果，如果我们不是真有能力找到一条更好或至少能力相当的绳子（我个人高度怀疑），好保持不让牛跑掉，那最好更当回事面对——不是"保护文字"这种日行一善的心情和规格，这会使我们错估形势，也错估用力的程度和焦点，需要保护的当然不是文字，而是保护我们不变笨、不会一代一代地白痴化下去。

我们常想一些听来高贵动人但其实很好笑的口号，就像环保的人爱说"我们只有一个地球"云云，好像地球很可怜很脆弱，肥皂泡泡一样，人稍一不慎，不细心加以呵护，就可能轰然爆破化为乌有——事情的真相是，这颗宇宙微尘的蓝色小行星，估算业已存留五十亿年之久，坚实牢靠，至少比任何人任何其上的生命都强韧，在长达五十亿年的悠悠岁月中，生命历经各种幅度不一的劫毁，物种来物种去，它还是向太阳背太阳，不疾不徐依自己节奏转动运行，我们人怎么作恶多端，所能毁灭的只是某些个物种以及我们自己所堪堪能生存的环境而已，那只是地球的外在部分样貌，而不是地球的本体，在可思议的将来，会先毁灭的也一定是人类，不会是地球，它只是会再换一种样貌，接纳其他的生命形式继续存在，甚至不改变它在宇宙绕圈子走的步伐节奏，不信你去侏罗纪问问恐龙，如果可能的话。

所以别美了，真正需要努力去保护的，绝不是地球，而是我们自己；同样的，真正需要努力保护的，绝不是文字，同样只是我们自己——我们脆弱的生命，还有，脆弱的智慧。

"文"和"字"

一本书，我想，最好在比较好的心情，比较美好的事物和比较美好的话语中结束，如果未来的光景不是那么有把握美好，何妨，我们就回去最早。

文字，"文"和"字"，最早究竟是怎样的字呢？——"文"的甲骨字是这样子的：夋，一个人，夸张出他的胸膛部位，为了匀出空间，让我们看得清楚他胸前美丽的文身图样，这种把人体自身当画布当雕刻材料的事起源甚早，也甚为普世，隐藏着宗教的、生命对话意义的意涵；"字"可能来得稍迟，因为它所代表的行为，联结的是稍为晚出的社会性结构，至少我们没能在甲骨文中找到，这是个金文：，图像的焦点是一个小儿，站在象征家庭的符号之下，合理的解释是一个命名的仪式，把可以正式视为家族一员的新生命，带领到天地祖先面前，通过命名的确认，让他成为我们希冀生命永恒承传和循环的一部分。

　　美丽的文身图画，以及郑重其事的命名，这就是"文"和"字"最原初的内容，历经时间的磨蚀、联想和转注，不一定有助于今天我们对文字的再思索和再理解，但我们也隐隐察觉到其中的奇异联系，微弱地穿越过漫长的三四千年时间，抓不太住，但你知道有。